Relevez le défi de l'innovation de rupture

Philippe Silberzahn

Relevez le défi de l'innovation de rupture

PEARSON

Du même auteur

Objectif innovation : stratégies pour créer l'entreprise innovante, avec Jean-Yves Prax et Bernard Buisson, Dunod, 2005

The balancing act of innovation, avec Walter Van Dyck, Lannoo, 2011

Constructing Cassandra: Reframing intelligence failures at the CIA, 1947-2001, avec Milo Jones, Stanford University Press, 2013

Effectuation : les principes de l'entrepreneuriat pour tous, Pearson, 2014

Mise en page : APS-Chromostyle, Tours

ISBN : 978-2-7440-6639-9

*Mes remerciements à Franck Lefèvre,
Christophe Ponchon, Béatrice Rousset et
Philippe Vayssac pour leurs remarques,
corrections et suggestions.*

Sommaire

Préface XI

Introduction 1
Un monde de ruptures 1
Le défi de l'innovation de rupture 3
L'ouvrage 6
Organisation de l'ouvrage 7

Première partie
La rupture et le dilemme de l'innovateur

1. **L'histoire de Kodak, victime du dilemme de l'innovateur** 11
Historique 11
Un problème de motivation 15
La mauvaise réponse 19
Dernière chance : 2001 19
Conclusion 21
Le dilemme de l'innovateur : la véritable source du manque d'innovation 22

2. **Innovation, rupture et dynamiques de marché** 23
Innovation continue, innovation de rupture 23
Le caractère relatif d'une innovation de rupture 28
La rupture est un processus, pas un événement 28
Les trois leviers de l'innovation de rupture dans une industrie 29
Résumé du chapitre 36

Deuxième partie
La tragédie du modèle d'affaires

3. **Rupture : de la technologie au modèle d'affaires** 39
La sous-estimation initiale d'une nouvelle technologie 39
La rupture n'est pas une question de technologie, mais de modèle d'affaires 48
Résumé du chapitre 50

4. **Comment les ressources, processus et valeurs d'une entreprise déterminent sa réaction à une rupture** 51
Le désintérêt rationalisé de l'acteur en place pour la rupture 52
L'attractivité d'une opportunité est relative : ressources, processus et valeurs 56
La réaction de l'acteur en place à l'innovation de rupture 63
L'importance de l'identité en situation de rupture 67
Résumé du chapitre 71

5. **La rupture par le bas : le low-cost** 73
L'inexorable attirance vers le haut d'une orientation client : le sur-service 73
Première conséquence du sur-service : évolution des critères de performance 76
Seconde conséquence du sur-service : nouveaux entrants 78
Remontée du nouvel entrant 80
Quand la remontée du nouvel entrant ne se produit pas 82
Déblocage par l'acquisition d'un cœur technologique 84
Résumé du chapitre 85

Troisième partie
Les mécanismes de la tragédie

6. **L'impératif de contrôle et la disparition de la capacité créative de l'organisation** 89
La disparition de la capacité créative 89
Épuisement organisationnel et exil intérieur 98
Le dilemme créativité/contrôle 100
Résumé du chapitre 102

7. **La tyrannie de la microdécision : les effets pervers de l'allocation de ressources** 103
L'importance des microdécisions 103
L'allocation de ressources : le processus clé de l'innovation de rupture 106
Les engagements conflictuels par l'exemple 108
Comment l'allocation rationnelle de ressources crée des effets pervers 110
Résumé du chapitre 118

Quatrième partie
Éviter la tragédie

8. **La réponse tactique : protéger le projet d'innovation de rupture** 123
Introduction 123
Loger l'innovation de rupture dans une entité séparée 125
Une rupture par le bas réussie : Unilever au Brésil 126

Une rupture de nouveau marché réussie : Nespresso 128
Capacité des acteurs en place à tirer parti d'une rupture 130
Quatre erreurs à éviter quand on gère un projet de rupture 130

9. La réponse stratégique : créer une capacité d'innovation de rupture 139
L'effet trompeur d'une innovation réussie : le cas du Motorola RAZR 139
Ce qui ne marche pas 141
Définir un processus d'innovation 147
Créer une organisation consacrée aux « non-consommateurs » 148
Gérer l'innovation de rupture au sein d'une entreprise existante : l'exemple d'IBM 151
Six axes pour créer une capacité d'innovation de rupture 155
Conclusion : les dispositifs managériaux 162
Résumé du chapitre 165

Conclusion 167

Appendice 169
Exceptions à la théorie 169
Les critiques de la théorie 171

Références 179
Travaux de Clayton Christensen 179
Références citées 180

Préface

L'innovation est à la mode et tous les beaux esprits l'invoquent comme les médecins de Molière répétaient « le poumon, le poumon... ». Devenu un mot attrape-tout, il est utilisé à tort et à travers, ce qui brouille sa signification.

Voici ce que l'on trouve dans le *Petit Robert* : « Innovation : introduction de quelque chose de nouveau dans une chose établie ». Pour Flaubert (*Dictionnaire des idées reçues*), l'introduction est un « mot obscène » ! Et de fait, c'est une obscénité dans l'entreprise tant elle bouscule les habitudes, les outils et les organisations.

Une autre erreur largement répandue consiste à confondre recherche et innovation:

« La Recherche consiste à dépenser de l'argent pour trouver des idées, l'innovation consiste à utiliser des idées pour créer de la valeur (ou du sens) ».

Faire des efforts de recherche ne débouche pas forcément sur des innovations, une des grandes différences étant que des idées on peut toujours en « acheter » auprès des individus ou entreprises inventives, alors que l'innovation doit être mise en œuvre dans son entreprise avec toutes les remises en cause et les risques que cela entraîne.

Pour moi, il n'y a innovation que s'il y a rupture. L'innovation continue est un oxymore, et donc un concept qui participe à la banalisation et à la confusion actuelle autour du mot d'innovation.

Pourquoi aurait-on plus besoin d'innover aujourd'hui ?

D'un côté, la mondialisation des marchés fait que la compétitivité des entreprises européennes ne peut pas résister aux assauts des « low-cost » si elles n'apportent pas quelque chose de plus, de radicalement nouveau. D'autre part, on sait que l'on va de plus en plus vers une situation de crise permanente qui remettra en cause toutes les situations acquises et exigera une agilité, une flexibilité, une ambidextrie pour survivre dans ce contexte perturbé.

Jamais l'innovation (de rupture, bien sûr) n'a donc été aussi importante, et pourtant elle semble toujours aussi difficile pour les organisations actuelles. C'est tout l'intérêt de l'ouvrage de Philippe Silberzahn que d'expliquer cette difficulté et de proposer des solutions pour y remédier.

Comment innover dans nos entreprises et nos organisations ?

Tout d'abord, il faut une DG prête à prendre des risques, comme en Silicon Valley et donc favorisant les déviants positivants et les profils atypiques qui labourent ailleurs:

> *« Bienheureux les fêlés, car ils laissent passer la lumière »*

Il faut mettre en place des directeurs de projet ayant délégation de pouvoir de cette DG, et des équipes projet ayant délégation de pouvoir de tous les métiers impliqués.

Il faut développer des organisations et outils nouveaux, car ceux que l'on utilise pour innover ne sont pas ceux du « business as usual ». Cela réclame des compétences plus profondes que celles de la simple reproduction et adaptation de l'existant. Sans cette capacité, les métiers ne sont qu'une force de rappel vers la médiocrité.

> *« Quand on n'a comme outil qu'un marteau, on voit tous ses problèmes comme des clous ! »*

La nécessité d'outils nouveaux et d'une organisation spécifique, différente de l'organisation existante et donc souvent en conflit avec cette dernière, est précisément mise en avant par l'ouvrage.

Le plus difficile est de se soucier de la création de valeur* (ou de sens). Car sans cette création de valeur, l'innovation n'est qu'une prise de risque sans intérêt. Il est bon de repartir des usages et des paradoxes des usages pour trouver ces poches de valeur inexploitées. Il faut même maintenant penser des objets permettant aux utilisateurs d'inventer eux-mêmes des usages. Le slogan publicitaire de Twingo était à ce titre très en avance : « À vous d'inventer la vie qui va avec ! »

Et puis, *in fine*, l'important n'est pas de ratiociner sur le comment et le pourquoi, il faut passer à l'acte, car comme disait à peu près A. Gramsci : « Il faut préférer l'optimisme de l'action au pessimisme de l'intelligence ! »

Yves DUBREIL
Créateur de la Renault Twingo

* On peut aussi créer de la valeur « en creux », en réduisant fortement les coûts et très légèrement la valeur perçue : voir par exemple la gamme Dacia initiée par la Logan.

Introduction

Un monde de ruptures

25 juin 2015 : les taxis français lancent une grande journée de mobilisation et bloquent la circulation sur plusieurs grands axes et dans les principales villes. Leur revendication? Interdire UberPop, une application mobile créée par la start-up américaine Uber, qui met en relation des clients avec des chauffeurs non licenciés.

La mobilisation sera émaillée de violences : pneus brûlés, poubelles renversées, affrontements avec la police, et surtout agressions de chauffeurs VTC, dont 70 véhicules seront dégradés. Sept policiers seront blessés.

Il faut dire que les taxis ont de quoi s'inquiéter : en quelques semaines d'existence, UberPop a déjà séduit 160 000 utilisateurs dans les principales villes de France. Au rythme de son développement, il met en danger une profession en apparence solidement installée depuis longtemps.

Les taxis ne sont pas les seuls à craindre pour leur avenir face à une rupture de leur environnement : Airbnb, un site internet de partage qui permet à n'importe qui de louer une pièce de sa maison, menace désormais l'hôtellerie classique : fondé seulement en 2008, il offre déjà 1 500 000 places dans 190 pays et 10 % des visiteurs à Paris utilisaient le service en 2014. Même les palaces parisiens s'en alarment. La presse papier est en déclin : les lecteurs s'informent de plus en plus directement sur Internet[1] et c'est également là qu'ils

1. Dans le cas de l'attentat du Thalys en août 2015, le fil Twitter a donné l'information une heure avant les médias. Source : http://www.reputatiolab.com/2015/08/attentat-du-thalys-twitter-avait-les-informations-1-heure-avant-les-medias/

passent leurs petites annonces. Les ventes en kiosques de journaux et de magazines au numéro ont baissé de 10,5 % en 2014. Selon *Les Échos*, le chiffre d'affaires des magasins de presse a ainsi diminué de 25,8 % de 2006 à 2011, et 950 d'entre eux ont fermé leurs portes en 2014. Le secteur de la banque et de l'assurance, jusque-là épargné, est en plein éclatement, avec les morceaux de choix pris d'assaut par des dizaines de start-up, tandis qu'Amazon continue de bousculer les libraires et devient un distributeur global de biens divers. En fait, à l'image d'Uber pour le monde des taxis, Internet bouleverse tant d'industries que l'on croyait solides que le néologisme « uberisation » a même été inventé par Maurice Lévy, le patron de Publicis, pour décrire cette rupture profonde qui sème la panique dans les grandes entreprises[2]. Le logiciel mange le monde, il est partout[3]. Un spectre hante véritablement l'ancienne économie.

Mais les ruptures ne sont pas seulement dues au logiciel et à Internet. Tous les secteurs sont au cœur d'une révolution du savoir : biologie, énergie, transports, agriculture, robotique, matériaux, etc. On parle d'homme augmenté, de voitures qui se conduisent toutes seules, de bactéries génétiquement modifiées pour produire du pétrole, de médecine personnalisée, de textile intelligent, de fabrication à la portée de tous, de bio-hacking, d'individu quantifié, la liste n'en finit pas.

Même si la technologie joue un rôle majeur, les ruptures vont bien au-delà. Le vieillissement de la population, qui touche désormais la plupart des pays, l'urbanisation, qui modifie profondément les caractéristiques économiques et sociales de la majeure partie de la population, l'éducation des femmes, l'émergence de la Chine comme puissance industrielle, mais aussi l'entrepreneuriat africain, la pollution, l'instabilité financière ou les convulsions du monde islamique, la liste des changements profonds qui bouleversent notre environnement est presque infinie. Les ruptures technologiques,

2. Voir à ce sujet Bruno Teboul, Thierry Picard, *Uberisation = Économie déchirée ?*, Éditions Kawa, 2015.
3. De toutes les ruptures, celle du logiciel est probablement la plus importante. Si vous pensez que votre entreprise ne sera pas disruptée par le logiciel, celle-ci est probablement déjà morte. Voir : Erik Brynjolfsson et Andrew McAfee, *Le Deuxième âge de la machine. Travail et prospérité à l'heure de la révolution technologique*, Éditions Odile Jacob, 2015.

économiques, sociétales et culturelles s'entrecroisent et se combinent, démultipliant leurs effets et ouvrant la voie à de nouvelles sources de croissance où la seule limite est celle de l'imagination humaine[4].

La destruction d'industries anciennes par l'innovation, qui entraîne la création d'industries nouvelles, n'a bien sûr rien de nouveau. C'est le fameux mécanisme de « destruction créatrice » décrit par l'économiste Joseph Schumpeter, qui y voyait la condition du progrès technique, économique et social permis par le système capitaliste. Mais le sentiment qui domine est celui d'une d'accélération, de vivre une époque où les ruptures sont particulièrement importantes, et particulièrement rapides[5].

Parfois, avec le mécanisme de Schumpeter, la destruction précède en effet la création, et entre les deux naît l'inquiétude. C'est particulièrement vrai en France, pays qui a fait de la crainte de l'avenir une spécialité nationale. On l'a vu avec la réaction des taxis et celle des opposants aux OGM et à l'exploitation du gaz de schiste, on le voit également avec le débat actuel sur la robotisation et l'emploi ou sur le risque que les progrès en biologie n'amènent à créer des Frankenstein. Cette inquiétude n'est pas nouvelle : les canuts de Lyon, en 1831, s'en étaient pris au métier à tisser Jacquard qui remplaçait le travail de plusieurs hommes.

Le défi de l'innovation de rupture

Plus aucune entreprise ne peut donc, aujourd'hui, s'estimer à l'abri d'une rupture. Si les taxis, qui exercent leur métier dans le cadre d'un monopole concédé par l'État depuis plus d'un siècle, peuvent être menacés par une simple application chargée sur un téléphone mobile, tout le monde est menacé. Qui sera le prochain uberisé ?

---

4. C'est l'argument d'ouvrages tels que : Richard Dobbs, James Manyika et Jonathan Woetzel, *No Ordinary Disruption: The Four Global Forces Breaking All the Trends*, New York, NY: PublicAffairs, 2015.
5. Ce sentiment d'accélération est notamment reflété dans l'ouvrage suivant, au ton quelque peu apocalyptique mais bourré d'exemples intéressants : Larry Downes et Paul Nunes, *Big Bang Disruption: Strategy in the Age of Devastating Innovation*, Portfolio, 2014.

Pour une entreprise, une rupture présente ainsi un double visage : c'est d'abord une menace potentielle pour son activité existante, mais c'est aussi l'opportunité de créer de nouvelles activités, source indispensable de sa croissance future. C'est là précisément le domaine de l'innovation de rupture. La compréhension des mécanismes de rupture et la capacité à en tirer parti sont donc fondamentales pour l'entreprise.

Compte tenu de cette importance, il n'est pas surprenant que la littérature sur l'innovation soit volumineuse. Et pourtant, la solution est de toute évidence loin d'être trouvée. L'innovation, et en particulier l'innovation de rupture, reste un défi formidable pour les entreprises.

Dans cette riche littérature se distingue un auteur dont les travaux ont reçu une attention considérable : Clayton Christensen. Ancien entrepreneur, Christensen a rejoint l'université de Harvard après sa thèse pour y devenir professeur et y poursuivre des recherches sur l'innovation de rupture dont il est aujourd'hui le spécialiste reconnu.

Christensen part d'une question simple : comment une entreprise peut-elle conserver son leadership lorsque son environnement change profondément ? Pour y répondre, il mène une analyse minutieuse de l'évolution de plusieurs industries très différentes (disques durs, grands magasins et engins de travaux publics notamment), au sein desquelles l'innovation est très importante. Ses recherches l'amènent à distinguer deux types d'innovation : l'innovation continue, qui consiste à améliorer les produits existants, et l'innovation de rupture, qui consiste à inventer de nouveaux produits. Christensen précise que l'innovation de rupture est particulière en ce sens qu'elle introduit de nouveaux critères de performance et donc s'inscrit dans un nouveau réseau de valeur et cible des utilisateurs différents. Elle n'est pas l'amélioration d'un produit déjà existant.

Ce qu'il observe alors est intrigant : les entreprises leader tirent systématiquement leur épingle du jeu en situation continue, conservant, voire renforçant leur position, mais elles perdent leur leadership en situation de rupture au profit d'un nouvel entrant. Il semble donc que les innovations continues favorisent les acteurs en place tandis que les innovations de rupture favorisent les nouveaux entrants et se traduisent par des changements de leadership.

Comment cela s'explique-t-il ? Christensen montre que face à une innovation de rupture, l'acteur en place est confronté au dilemme suivant : s'il adopte la rupture, il compromet son activité actuelle sans être certain de réussir, lâchant en quelque sorte la proie pour l'ombre. S'il rejette la rupture, il protège temporairement cette activité, mais compromet son avenir. Tel l'âne de Buridan, il hésite, et finit par tout perdre.

L'intérêt des travaux de Christensen est qu'ils permettent pour la première fois de comprendre pourquoi cela se passe ainsi, et surtout que l'échec face à la rupture ne résulte pas d'un manque de compétence, d'un manque de créativité des collaborateurs ou d'une ignorance de son marché, mais bel et bien d'un raisonnement rationnel qui produit un effet pervers et conduit au désastre. Le raisonnement rationnel provient du fait que l'on préférera toujours investir ses ressources sur un marché existant plutôt que sur un marché futur, incertain.

Le résultat de ces travaux a été publié dans un ouvrage paru en 1997, et qui est immédiatement devenu un best-seller : *The Innovator's Dilemma*[6] (le dilemme de l'innovateur). L'ouvrage est passionnant et explore très en détail chacune des industries étudiées, même s'il se révèle parfois fastidieux pour le lecteur peu versé dans la technique.

Un deuxième ouvrage, paru en 2003 et coécrit avec Michael Raynor, *The Innovator's Solution*[7], reprend les résultats du premier, mais sans le bagage technique et essaie de proposer des pistes de solution aux acteurs en place. Il reformule également le dilemme en termes de conflit de modèles d'affaires, et non plus de technologie : l'acteur en place est confronté au dilemme parce que l'innovation de rupture nécessite un modèle d'affaires différent de celui qu'il a actuellement. Cela permet par exemple d'expliquer la difficulté des compagnies aériennes classiques confrontées au modèle low-cost qu'elles ont

6. Clayton M. Christensen, *The Innovator's Dilemma*, Boston, MA: Harvard Business School Press, 1997.
7. Clayton M. Christensen et Michael E Raynor, *The Innovator's Solution*, Boston, MA: Harvard Business School Press, 2003.

encore beaucoup de difficulté à adopter, bien qu'il n'y ait aucune technologie de rupture impliquée.

Les travaux de Christensen comportent de multiples exemples dans tous les secteurs d'activité. Il s'est intéressé à deux en particulier : celui de la santé, avec l'ouvrage *The Innovator's Prescription*[8], et de l'éducation, avec *The Innovative University*[9]. Il montre ainsi que ce que certains acteurs perçoivent comme une situation entièrement nouvelle s'est en fait déjà produite dans d'autres industries. C'est l'intérêt d'une théorie solide : elle permet de tirer des leçons d'industries ayant déjà connu des ruptures, de mieux anticiper l'impact de ces dernières et d'y répondre.

Les travaux de Christensen sont donc fondamentaux dans notre compréhension des mécanismes de rupture et de leur impact sur les entreprises, quels que soient les industries et les secteurs d'activité. Ils permettent une compréhension des mécanismes de l'innovation de rupture, ils expliquent des échecs qui, sinon, ne semblent avoir aucun sens, et proposent des solutions concrètes. Ils constituent donc une référence indispensable de l'innovation[10].

L'ouvrage

Appréhender la contribution de Clayton Christensen à l'innovation de rupture est toutefois difficile pour deux raisons. D'une part, la compréhension de ses travaux pose une difficulté propre au public francophone, car ses principaux ouvrages n'ont pas été traduits dans notre langue. D'autre part, comme nous l'avons noté, Christensen a développé sa théorie progressivement, au travers de plusieurs ouvrages et articles, et aucun d'entre eux ne la résume complète-

8. Clayton M. Christensen, Jerome Grossman H. et Jason Hwang, *The Innovator's Prescription - A Disruptive Solution for Health Care*, McGraw-Hill, 2009.
9. Clayton M. Christensen et Henry J. Eyring, *The Innovative University: Changing the DNA of Higher Education from the Inside Out*, San Francisco: Jossey-Bass, 2011.
10. Nous traduisons par « rupture » le terme anglais « *disruption* » utilisé par Christensen. Celui-ci utilise également le terme « *disruptor* » pour désigner l'acteur nouvel entrant qui déstabilise l'acteur en place, lui-même désigné sous le terme « *disruptee* ». Il est difficile de traduire ces deux termes et quand les périphrases deviennent trop fastidieuses, nous employons les anglicismes « disrupteur » et de « disrupté ».

ment. La comprendre nécessite de les lire tous pour reconstituer les éléments essentiels, ce qui peut s'avérer fastidieux[11].

Cet ouvrage a donc pour but de remédier à cette lacune. Il présente les travaux de Clayton Christensen de manière synthétique, les met en perspective d'autres travaux et propose des pistes d'action. S'il traite principalement des travaux de Christensen, il n'en est pas à proprement parler un résumé, mais constitue plutôt un essai sur la question de l'innovation de rupture à partir de ceux-ci. La perspective adoptée ici est celle d'une entreprise existante confrontée à une rupture. La question est posée en termes stratégiques, et nous nous focalisons uniquement sur le défi de l'innovation de rupture. Cet ouvrage ne constitue donc pas un manuel d'innovation couvrant tous ses aspects.

Cet ouvrage est destiné à tous ceux qui sont en charge de rendre leur entreprise plus innovante, au premier rang desquels, bien sûr, les dirigeants et membres de la direction générale. L'innovation de rupture ne peut réussir sans eux et cela nécessite l'acquisition d'un vocabulaire et l'établissement d'un diagnostic communs au moyen de concepts partagés. L'ouvrage s'adresse également aux innovateurs et responsables de l'innovation eux-mêmes. Ils y trouveront un guide conceptuel pour les orienter dans leur démarche, comprendre les difficultés qu'ils rencontrent, les raisons de l'hostilité ou pire, de l'indifférence dont ils font l'objet, et dessiner des solutions. L'ouvrage intéressera également les consultants travaillant aux côtés des entreprises confrontées au dilemme. Enfin, il s'adresse aux étudiants qui seront immanquablement confrontés eux aussi à ce dilemme dans les entreprises qu'ils rejoindront ou qu'ils créeront.

Organisation de l'ouvrage

L'ouvrage est organisé en quatre parties. Dans la première, nous présentons la notion de rupture, examinons la dynamique des marchés en situation de rupture, et présentons le dilemme de l'innova-

---

11. J'ai évoqué les travaux de Christensen dans un livre sur l'innovation que j'ai écrit en 2005, mais de manière relativement sommaire car celui-ci se voulait plus général. Voir Jean-Yves Prax, Bernard Buisson et Philippe Silberzahn, *Objectif innovation : stratégies pour construire l'entreprise innovante*, Paris, Dunod, 2005.

teur – pourquoi les entreprises en place tendent à échouer face à une rupture de leur environnement –, au moyen d'un cas édifiant, celui de Kodak.

Dans la deuxième partie, nous montrons que le dilemme n'est pas une question de technologie, mais de modèle d'affaires. Il n'est dû ni au fait que l'innovation va trop vite, ni au fait que les entreprises sont aveuglées, mais au fait qu'elles rejettent l'innovation de rupture car celle-ci n'a aucun sens pour elles. Nous montrons que cette décision rationnelle aux effets pervers est liée au modèle d'affaires de l'entreprise.

Dans la troisième partie, nous étudions les mécanismes qui conduisent au dilemme. Nous analysons la disparition de la capacité créative des organisations en la reliant à la volonté de mesure et de contrôle instaurée par les bonnes pratiques de gestion. Ensuite, nous mettons en lumière l'importance des microdécisions dans la production d'effets pervers qui sont la caractéristique de l'échec en matière d'innovation de rupture.

Dans la quatrième partie, nous présentons des pistes pour résoudre le dilemme. Nous abordons d'abord le plan tactique consistant à protéger un projet d'innovation de rupture, puis le plan stratégique, en traçant des pistes pour permettre à l'organisation d'échapper au dilemme de l'innovateur en créant une capacité d'innovation de rupture.

Première partie

LA RUPTURE ET LE DILEMME DE L'INNOVATEUR

Dans cette première partie, nous présentons la notion de rupture, examinons la dynamique des marchés en situation de rupture, et introduisons le dilemme de l'innovateur : pourquoi les entreprises en place tendent à échouer face à une rupture de leur environnement. Dans le chapitre 1, nous retraçons l'histoire de Kodak, entreprise emblématique, une des grandes *success stories* du 20e siècle, pionnière de la photographie moderne, et qui a disparu, victime de la révolution numérique. Dans le chapitre 2, nous définissons les termes de rupture, d'innovation et présentons le jeu dynamique entre une technologie actuelle et une technologie de rupture et ce qui peut conduire à sous-estimer l'impact de cette dernière.

1

L'histoire de Kodak, victime du dilemme de l'innovateur

Historique

Fondée en 1881 par George Eastman, un inventeur génial, Kodak est une aventure industrielle extraordinaire, une marque connue mondialement. L'entreprise commence par vendre des plaques photographiques. En 1885, elle invente le film souple et introduit son premier appareil en 1888 dont la simplicité d'emploi permet le développement de la photo amateur. En 1900, Kodak introduit le Brownie, tellement simple et bon marché que la photo est désormais accessible au grand public. Il s'en vendra 100 000 la première année et des millions les années suivantes. C'est l'époque du fameux « Appuyez, et nous faisons le reste » : l'utilisateur prend les photos, envoie l'appareil chez Kodak à Rochester qui renvoie les photos développées avec l'appareil muni d'un nouveau film. Le succès est immense, et Kodak rejoint le Dow Jones, le club des principales capitalisations boursières américaines, en 1930. Dans les années qui suivent, Kodak multiplie les innovations, aussi bien dans le film qu'avec les appareils photo. En 1976, Kodak est un quasi-monopole : 90 % des films et 85 % des appareils photo vendus aux États-Unis sont produits par l'entreprise. Jusqu'en 1990, Kodak est régulièrement consacrée comme l'une des marques les plus valorisées au monde[1].

L'entreprise n'ignore pas le numérique : elle introduit le premier appareil photo numérique, le DCS 100, en 1990. Il coûte environ 220 000 francs (environ 50 000 euros actuels). Kodak collabore ensuite avec Apple pour lancer un appareil grand public en 1994. En 2005, l'entreprise présente le premier appareil photo au monde équipé de Wi-Fi et capable d'envoyer les photos par e-mail.

Pourtant dès les années 1980, l'entreprise commence à rencontrer des difficultés. Fuji, son concurrent japonais, décide de se développer aux États-Unis, jusqu'à présent chasse gardée de Kodak, et y gagne progressivement des parts de marché. L'obtention du budget des Jeux olympiques de 1984 à Los Angeles, au nez et à la barbe de Kodak, est un coup de maître qui ouvre au Japonais les portes des réseaux de distribution américains. En 1985, sa part de marché est déjà de 11 %, puis monte à 13 % en 1993 et poursuit son ascension. La concurrence entre les deux fabricants fait l'objet d'un feuilleton médiatique dans la presse économique, et dégénère en une guerre des prix à partir de 1996 qui érode sérieusement les marges, accentuant la pression sur Kodak qui prend conscience à cette occasion de sa structure de coûts très élevée et de l'inefficacité de son outil industriel que sa situation de monopole avait longtemps masquée. Le réveil est douloureux et l'entreprise ne retrouvera plus jamais les marges qu'elle qualifiait elle-même d'indécentes[2].

---

1. Les sources factuelles pour cette section sont les suivantes : Chunka Mui, « How Kodak Failed », *Forbes*, 18 janvier 2012, accessible à http://www.forbes.com/sites/chunkamui/2012/01/18/how-kodak-failed ; Vincent Barabba, *The Decision Loom: A Design for Interactive Decision-Making in Organizations*, Devon, UK: Triarchy Press, 2011 ; Alecia Swasy, *Changing Focus: Kodak and the Battle to Save a Great American Company*, Ramdom House, 1997 ; également : http://en.wikipedia.org/wiki/Eastman_Kodak.
2. Leo J. Thomas, directeur de la recherche de Kodak, déclarait ainsi au *Wall Street Journal* en 1985 : « Il est très difficile de trouver quelque chose ayant les mêmes marges que la photographie couleur et qui soit légal. »

À la fin des années 1990, la révolution numérique commence à faire sentir ses effets, mais Kodak n'est pas en position de leader dans ce domaine. Son activité n'est pas encore bénéficiaire, tandis que l'argentique décline rapidement à partir de 2001, entraînant des pertes croissantes. Avec le recrutement de George Fisher comme PDG en 1994, un expert du numérique débauché de chez Motorola, un pionnier technologique de l'époque, Kodak améliore son fonctionnement opérationnel et réduit ses coûts, mais ne parvient pas à redresser la barre dans le numérique malgré de lourds investissements, des choix stratégiques clairs et ambitieux.

Elle ne réussira jamais à retrouver dans le marché des appareils photo numériques la place de leadership qu'elle avait sur le marché du film argentique (en 2010, sa part de marché n'est que de 8 %) d'autant qu'à partir de 2008, une seconde rupture faire sentir ses effets : c'est avec des téléphones mobiles plus qu'avec des appareils photo que les gens commencent à prendre leurs photos, une tendance qui explose avec l'introduction de l'iPhone. L'entreprise dépose le bilan en 2012. Elle existe toujours, mais n'est plus que l'ombre de ce qu'elle a été.

Comment une entreprise comme Kodak est-elle passée du statut d'icône au tribunal de commerce en moins de dix ans ? Lorsqu'on pose la question, la réponse est invariablement la suivante : l'entreprise Kodak, leader du film argentique, a été détruite par l'avènement du numérique qu'elle n'a pas su anticiper. C'est le cas semble-t-il classique d'une entreprise aveuglée par son succès et incapable de prendre le bon tournant.

Bien sûr, Kodak a été victime du numérique. Mais la question est : pourquoi ? À cette question, les réponses sont multiples.

Tout d'abord, Kodak n'aurait tout simplement pas vu venir la révolution numérique. L'entreprise aurait été prise au dépourvu et n'aurait pu réagir. Or ce n'est pas le cas, loin s'en faut, et pour une raison simple : c'est en fait Kodak qui a inventé la photo numérique ! En 1975 en effet, un ingénieur de l'entreprise, Steven Sasson, met au point un premier prototype d'appareil photo numérique. On est loin des appareils actuels : il est assez gros (de la taille d'une imprimante personnelle) et assez primitif : la résolution de l'image est faible et cette dernière s'enregistre… sur une cassette magnétique. Mais comme pour le Fardier de Cugnot de 1765 avec l'automobile, le mouvement de la photo numérique est lancé, et Kodak en est le pionnier. Cette innovation ne sera pas un coup sans lendemain, puisque Kodak sera également l'inventeur du premier capteur numérique mégapixel en 1986.

Autre explication possible : la R&D travaillait sur le numérique, mais la direction générale n'avait pas conscience de l'importance du sujet et ne soutenait pas vraiment le projet. Là encore, ce n'est pas le cas. En 1980, surprise par l'annonce par Sony du lancement d'un appareil photo numérique, le Mavica, la direction générale demande un rapport d'évaluation sur l'avenir de la photo numérique à Vincent Barabba, son responsable d'études de marché. Remis quelques mois plus tard, le rapport est très clair : d'ici quinze ans, le marché aura basculé vers le numérique. La direction générale de Kodak est donc prévenue – le rapport évoqué est sans ambiguïté – que le numérique va remplacer l'argentique d'ici une quinzaine d'années.

Continuons à explorer les explications possibles : la R&D de Kodak aurait bien travaillé sur la photo numérique, mais l'entreprise n'aurait pas réussi à le commercialiser. Là encore, tel n'est pas le cas. Nous avons vu que Kodak a introduit un excellent appareil photo numérique sur le marché dès 1991 et est devenu un acteur important du marché, même si sa part de marché est toujours restée relativement faible. Le marché aurait-il évolué trop rapidement, empêchant l'entreprise de réagir suffisamment vite ? C'est un argument qu'on entend souvent tant on a l'impression que la technologie évolue à toute vitesse. Mais là encore, ce n'est pas le cas : Kodak invente le numérique en 1975, et le marché ne décolle vraiment qu'à partir des années 2000. Cela laisse 25 ans à l'entreprise pour réagir ! Même le plus lent des mastodontes peut réagir en 25 ans et, nous l'avons vu, Kodak est loin de s'être endormi au volant pour ce qui concerne le numérique.

Un manque d'argent pour financer les énormes investissements nécessaires ? Loin s'en faut. Jusqu'au milieu des années 1990, Kodak est extrêmement rentable et dispose de ressources financières considérables. Un manque d'expertise technique empêchant Kodak de basculer vers le numérique ? Au contraire, Kodak était très actif dans le numérique et est à l'origine de très nombreux brevets, qui d'ailleurs constituent aujourd'hui la dernière source de revenus de l'entreprise.

Kodak n'est pas mort d'avoir ignoré la révolution numérique ni d'avoir été incapable d'y prendre une part active. L'entreprise avait les ressources humaines et financières pour le faire, elle en a été l'un des pionniers aussi bien sur le plan technique que commercial. La question demeure donc : pourquoi a-t-elle échoué ?

Un problème de motivation

La vraie raison de l'échec de Kodak, c'est de ne pas avoir été suffisamment motivé pour parier sur le numérique en abandonnant l'argentique. Qu'entend-on par « motivé » ? Comment Kodak pouvait-il ne pas être motivé compte tenu de ses efforts dans le domaine ? Pour le comprendre, mettons-nous à la place de la direction générale, par exemple en 1995. Celle-ci sait que le remplacement de l'argentique par le numérique est inéluctable.

La direction de Kodak étudie d'abord la nature des deux marchés et se demande comment elle va gagner de l'argent. Elle compare donc les deux modèles d'affaires, celui de l'argentique et celui du numérique.

Dans l'argentique, son marché actuel, Kodak gagne de l'argent en vendant des films sur lesquels il obtient une très forte marge. Dans le numérique, il n'y a plus de films. L'argent se gagne en vendant des appareils, actuellement très chers, mais sur lesquels la marge est quasi nulle, car il faut amortir des frais de R&D considérables. Alors que les films se vendent au détail *via* un réseau de grandes et moyennes surfaces et de buralistes, les appareils numériques, encore très chers et réservés à des experts, se vendent *via* des distributeurs spécialisés. Si Kodak maîtrise parfaitement le premier réseau, il ignore tout du second et n'y a aucune légitimité : tout est à construire, ce qui nécessite un investissement gigantesque.

Les deux modèles sont illustrés dans le tableau 1.1.

Tableau 1.1 L'argentique et le numérique correspondent à deux modèles d'affaires très différents.

	Marché film argentique	Marché numérique
Source de revenus	Vente et développement de films	Vente d'appareils
Distribution	Grandes et moyennes surfaces, buralistes	Vendeurs spécialisés
Prix typique	5 €	30 000 €
Marge	Très élevée	Très faible
Mode d'achat	Répété/fréquent/fidèle	Unique/rare
Compétences clés	Chimie	Électronique, optique et logiciel
Actifs clés	Usines et labos (mondial)	Brevets numériques
Concurrents	Fuji, Agfa	Sony, Canon, Nikon…

En résumé, tous les actifs que l'entreprise a mis des décennies à bâtir, comme ses centres de R&D, les usines et les laboratoires de développement, ces actifs qui font la force de Kodak et constituent son avantage concurrentiel, deviennent inutiles dans le monde numérique. C'est également vrai pour la plupart de ses employés, en particulier ses armées de chimistes, dont les compétences n'ont plus lieu d'être. Inversement, tout ce qui est nécessaire sur le marché numérique doit être créé *ex nihilo*, par exemple une relation avec des distributeurs de matériel spécialisés. Par rapport à un nouvel entrant, Kodak n'a donc plus d'avantage particulier parce qu'il est nécessaire de créer, en quelque sorte, un nouveau Kodak pour le numérique.

Peu encouragée, la direction générale de Kodak étudie ensuite la dynamique des deux marchés. On pourrait penser en effet que tout miser sur le numérique s'impose de façon évidente à la direction de Kodak, car le numérique, c'est l'avenir, elle le sait depuis le fameux rapport de 1981. Or en 1995, année où ce rapport avait prévu l'avènement du numérique, la taille du marché correspondant reste ridicule. En outre, le marché de l'argentique est encore en croissance comme le montre la figure 1.1 et il reste très profitable.

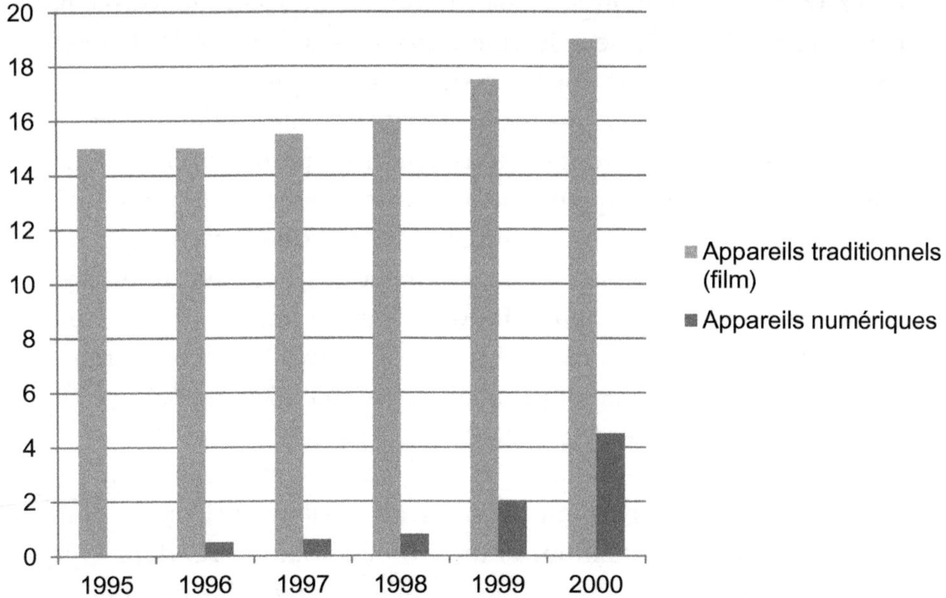

Figure 1.1 Jusqu'en 2000, le marché du numérique reste minuscule par rapport à l'argentique qui, en outre, continue de croître (source : PMA Marketing Research)

La comparaison des deux marchés montre qu'ils sont diamétralement opposés pour Kodak : d'un côté un marché, l'argentique, qui est très important, en croissance, génère une trésorerie positive et offre un horizon de profit immédiat, que Kodak maîtrise parfaitement et sur lequel il est leader. De l'autre, le numérique, dont la taille est minuscule, consommateur de cash, faiblement croissant, dont l'horizon de profit est incertain, et sur lequel Kodak est un challenger face à des concurrents formidables comme Nikon et Canon. Compte tenu de la bonne santé de son activité actuelle, il est difficile pour la direction de Kodak de trouver le marché du numérique attractif !

La direction de l'entreprise ne nie pas que le numérique soit l'avenir, mais elle peut se dire qu'elle a encore le temps, qu'elle peut continuer à écrémer le marché de l'argentique le plus possible, puis passer ensuite au numérique quand il démarrera. L'argentique reçoit donc logiquement la majorité des ressources d'investissement.

Imaginons en effet le processus budgétaire au sein de Kodak en cette année 1995. On le sait, une entreprise a forcément des ressources limitées et doit donc choisir parmi les projets possibles où investir ces ressources. À ma droite, l'unité d'affaires film argentique défend son budget. (« Donnez-nous x millions pour soutenir l'effort marketing contre Fuji, qui gagne des parts de marché, et pour améliorer notre offre de film à destination des professionnels qui ont besoin d'une performance toujours améliorée. Pour cet investissement, nous prévoyons un chiffre d'affaires en hausse de 3 %, une marge nette de 7 %. Un marché certain, une très forte concurrence sur notre activité actuelle qui incite à ne pas relâcher l'effort, un investissement directement rentable. »)

À ma gauche, l'équipe marché numérique, constituée principalement de chercheurs visionnaires. (« Donnez-nous de l'argent pour préparer l'avenir, car sinon, nous sommes tous morts dans cinq ans, ou peut-être dix ans. – Quelle taille de marché, s'enquiert le comité ? – Nous ne savons pas vraiment. C'est très petit pour l'instant, mais c'est l'avenir ! – Quand atteindrez-vous le point mort ? – Nous ne savons pas vraiment non plus. Mais regardez, Apple y croit ! »)

D'un côté, la certitude, le résultat immédiat ; de l'autre, l'incertitude, un résultat possible mais à l'horizon incertain. Sans surprise, un bon gestionnaire aura tendance à trancher en faveur du premier aux dépens du second.

Au final, l'analyse des deux modèles d'affaires montre que le numérique n'est pas attractif pour Kodak, le dynamisme du marché actuel jouant en outre en la défaveur du futur marché. L'entreprise peut être convaincue de l'avènement du numérique, mais ne trouve pas le marché attractif. Kodak ne se résout pas à tout miser sur le numérique et décide de patienter.

Kodak finance bien des projets numériques. Mais le numérique reste le parent pauvre du processus budgétaire pendant des années. Pendant ces années, ce sont les hommes du film qui progressent dans la hiérarchie et pour eux, le numérique représente la fin du monde tel qu'ils le connaissent.

La mauvaise réponse

Kodak ne met pas l'accent sur le numérique, mais il n'est pas inactif pour autant. En 1996, il introduit le système APS commercialisé sous le nom d'Advantix. APS est une technologie qui permet à l'utilisateur de prévisualiser la photo prise et d'indiquer combien d'impressions il désire. C'est possible, car APS est un appareil numérique. Mais il reste basé sur un film ! Kodak ne peut concevoir d'appareil photo sans film et Advantix est un bizarre mélange de film et de numérique dans lequel on propose à l'utilisateur d'acheter un appareil numérique mais de continuer à payer pour des films. Sans surprise, le produit est un échec complet et Kodak passera en perte les 500 millions de dollars qu'aura coûtés son développement. Le film est tellement constitutif de son identité que l'entreprise ne conçoit le numérique qu'avec un film[3].

En 2000 ont lieu les Jeux olympiques de Sydney, dont Kodak est l'un des sponsors principaux. L'entreprise doit décider quel produit mettre en avant pour l'événement : le métier traditionnel autour du film argentique ou le numérique ? Finalement, talonné par Fuji qui gagne rapidement des parts de marché aux États-Unis et dans le reste du monde, Kodak optera pour l'argentique, avec une petite place pour l'APS. Encore une fois, le film imprime sa marque sur la stratégie de l'entreprise.

Dernière chance : 2001

Le temps passe donc et en 2001, pour la première fois, le marché de l'argentique décline et le numérique connaît une forte accélération : environ un tiers des appareils photo vendus sont désormais numériques. Pourtant, Kodak continue à privilégier l'argentique comme le montre le choix budgétaire de Sydney. Une telle attitude nous semble aberrante aujourd'hui, mais elle est en fait très rationnelle. Essayons donc de comprendre pourquoi.

---

3. Le lancement en 2008 par Philip Morris d'une cigarette électronique… à base de tabac chauffé procède de la même logique, et connaîtra le même sort.

Imaginons que la direction décide de tout miser sur le numérique. Elle décide de diminuer les budgets de l'argentique et de les réaffecter au numérique. Que va-t-il se passer ? Imagine-t-on l'unité d'affaires film argentique acceptant sereinement la diminution de son budget au nom de l'innovation ? C'est très improbable. L'argument de son responsable, appelons-le John Smith, qui est jugé sur la performance de son unité d'affaires, est le suivant : avec un budget marketing en baisse, comment peut-on me demander de résister à la progression de Fuji ? C'est impossible. Il hurle donc à la mort, parle aux analystes, mobilise ses soutiens, qui sont nombreux, car n'oublions pas que l'argentique représente encore plus de 90 % du chiffre d'affaires de l'entreprise. Une énorme bataille interne fait rage.

Imaginons cependant que la direction passe en force. Après tout, n'est-ce pas son rôle d'être visionnaire ?

Très vite, John Smith démissionne, suivi par plusieurs de ses collaborateurs. En interne, il devient évident que ce n'est plus dans cette direction que les talents et hauts potentiels doivent aller. Elle s'affaiblit rapidement et perd des parts de marché. Cela n'échappe pas aux analystes et aux journalistes, qui ne mettent pas longtemps à faire savoir que « Kodak est en train de perdre la guerre contre Fuji ». L'action chute en Bourse. Le PDG est sommé de s'expliquer. Si la nécessité d'investir pour l'avenir est reconnue, il s'avère incapable de donner des perspectives claires sur la contribution du numérique au chiffre d'affaires et au bénéfice. De combien sera-t-elle ? Quand ? Impossible à dire. Mais en attendant, la baisse des parts de marché érode la profitabilité et les actionnaires sont furieux.

La pression est intenable : réussir le pari du numérique nécessiterait de savoir survivre à un trou d'air entre le moment où le chiffre d'affaires de l'argentique baisse et le moment où celui du numérique prend le relais. Or, ce trou existe précisément parce que le numérique n'a pas été poussé assez tôt ; s'il l'avait été, il serait en pleine croissance à ce moment-là et le problème ne se poserait pas[4]. Mais c'est trop tard.

---

4. Nous faisons ici l'hypothèse, universellement admise et évidente pour tous, que Kodak devait basculer vers le numérique. Nous verrons plus loin, en étudiant la stratégie de Fuji, confrontée au même dilemme, qu'il n'en est rien. Voir « L'importance de l'identité en situation de rupture » au chapitre 4.

Ainsi donc, consciente de tout ce qui va se passer, et bien que, encore une fois, elle soit convaincue de l'avènement du numérique, la direction n'en pousse pas le développement. Tant que le marché actuel de l'argentique est en bonne santé, elle n'en ressent pas la nécessité : certes, elle continue à investir dans la nouvelle technologie, et à lancer des produits, mais elle ne tranche pas, parce qu'elle ne peut pas abandonner l'argentique, en tout cas pas maintenant. Lorsque le marché de l'argentique commence à baisser, il est trop tard. En fait, Kodak attendra 2003 avant d'accepter complètement que l'argentique n'a pas d'avenir et de tout miser sur le numérique avec les résultats que l'on connaît.

Conclusion

Kodak n'a pas raté la révolution numérique, mais a été victime de ce que Clayton Christensen appelle le « dilemme de l'innovateur ». En logique, un dilemme est un raisonnement comprenant deux prémisses contradictoires, mais menant à une même conclusion, laquelle par conséquent s'impose[5]. Le dilemme de l'innovateur est donc le suivant pour une entreprise établie confrontée à une rupture : soit elle embrasse la rupture très tôt, et elle sacrifie son activité actuelle, qui représente pourtant la totalité de son chiffre d'affaires, au profit d'une activité émergente et incertaine, soit elle ignore la rupture, ou ne l'embrasse que tardivement, et risque le déclin, voire la disparition si la rupture réussit. L'entreprise hésite donc entre la poursuite du nouveau marché, qui compromet son marché actuel, et la protection de son marché actuel qui l'empêche d'innover. Entre les deux risques, celui de compromettre son marché actuel et celui de compromettre son marché futur, elle adopte une démarche qui lui semble prudente : elle protège son marché actuel. La démarche de prudence, de réduction de risque, est la cause de son échec ultérieur.

5. http://fr.wikipedia.org/wiki/Dilemme

Le dilemme de l'innovateur : la véritable source du manque d'innovation

L'exemple de Kodak montre donc qu'une entreprise meurt non pas d'avoir ignoré une innovation de rupture (c'est rarement le cas), mais d'avoir renoncé en pratique à agir pour la développer, malgré sa bonne volonté et la conscience du danger, en raison même de l'existence de son activité actuelle. L'échec de l'innovation de rupture n'est donc pas dû à un manque d'idées, de compétences, de ressources, de temps, de clairvoyance ou à un problème de méthode de projet. Il résulte d'un conflit entre l'ancienne et la nouvelle activité.

L'entreprise est prisonnière de son modèle d'affaires. Comme l'indique Christensen, celui-ci détermine les opportunités que nous trouvons attrayantes, et celles que nous trouvons non attrayantes. En l'occurrence, le modèle d'affaires de Kodak rendait la photo numérique non attrayante. L'ancien est certes condamné « à terme », mais ce terme est incertain, et en attendant, il fournit à l'entreprise la majorité de ses ressources et ne peut donc être ignoré ; le nouveau représente l'avenir, mais il ne fournit encore que peu de ressources et n'obtient donc pas voix au chapitre. En réunion budgétaire pour l'allocation de ressources, il n'a aucune chance. Au final, la capacité à innover se ramène donc à disposer d'un mécanisme d'allocation de ressources capable de protéger les innovations de rupture, c'est-à-dire de permettre à l'entreprise de gérer deux modèles d'affaires, l'ancien et le nouveau.

L'histoire de Kodak est intéressante parce qu'elle réunit à elle seule, pour son malheur, tous les ingrédients du dilemme de l'innovateur, qui explique pourquoi les entreprises ont tant de mal à réagir aux ruptures de leur environnement et à en tirer parti. Dans ce qui suit, nous reprenons chacun des concepts que nous avons évoqués.

2

Innovation, rupture et dynamiques de marché

Innovation continue, innovation de rupture

Qu'est-ce que l'innovation de rupture

L'innovation est importante, car c'est la source de la croissance à long terme, une observation faite par Joseph Schumpeter, économiste pionnier dans le domaine de l'innovation. Sans innovation, une entreprise est condamnée au déclin à plus ou moins brève échéance. Le maintien d'une capacité créative au niveau de l'organisation, capable de renouveler produits et services, mais aussi pratiques et méthodes, est donc crucial pour sa pérennité.

Les innovations qui permettent d'améliorer les produits existants le long d'une trajectoire de performance existante sont dites continues. Les innovations de rupture, elles, introduisent de nouvelles dimensions et de nouveaux critères de performance qui ne sont pas présents dans les produits existants. Elles correspondent à la création de nouvelles catégories de produits. Par exemple, les téléphones mobiles ajoutent la mobilité à la capacité de parler à quelqu'un à distance. Ils ne sont ainsi pas meilleurs en tous points que les téléphones fixes. S'appuyant sur les travaux de Schumpeter, Christensen distingue ce qu'il appelle l'innovation continue et l'innovation de rupture et affirme que chaque nouveau marché est le résultat d'une innovation de rupture.

De manière intéressante, Christensen fait remarquer que souvent, au début, les innovations de rupture ne sont pas aussi performantes que les produits existants : les premiers PC étaient beaucoup moins puissants que les mini-ordinateurs et n'étaient donc d'aucun intérêt pour les acheteurs traditionnels des ordinateurs, c'est-à-dire les grandes entreprises. Cependant, parce qu'ils étaient aussi beaucoup moins chers, ils intéressaient une catégorie entièrement nouvelle, les particuliers et les petites entreprises, qui jusqu'alors étaient des « non-consommateurs » et n'avaient pas pu se les offrir. Bien évidemment, il est très compliqué de produire quelque chose de pas cher. Lorsque Procter & Gamble décide en 1950 de créer une couche-culotte jetable qui doit coûter 30 % de moins que les couches de l'époque, l'effort nécessite... 10 ans de R&D ! Tout, y compris les méthodes de fabrication, doit être repensé pour tenir la contrainte de coût[1]. De même, lorsque Unilever veut lancer une lessive low-cost dans le nord-est du Brésil, l'intégralité de la chaîne de valeur est repensée, du produit à la distribution. Le low-cost n'est ainsi possible que grâce à l'innovation, qu'elle soit technologique ou de processus.

Deux types d'innovation de rupture : nouveau marché et par le bas

Clayton Christensen distingue dès lors deux types de rupture : d'une part, la rupture de nouveau marché, qui consiste à inventer un nouveau type de produit très avancé qui bouscule les autres produits. Un bon exemple de rupture de nouveau marché est la machine à café Nespresso de Nestlé. Cette machine permet pour la première fois à un particulier de boire un expresso chez lui. Auparavant, le choix tenait entre boire un expresso dans un café à l'extérieur, ou boire un café filtre chez soi. Nespresso n'est pas une cafetière classique à filtre papier, elle introduit un nouvel usage et implique un modèle d'affaires différent.

1. Source : Gerard J. Tellis et Peter N. Golder, *Will and Vision - How Latecomers Grow to Dominate Markets*, New York, NY: McGraw-Hill, 2001. L'ouvrage de Tellis et Golder est très important pour montrer que les disrupteurs ne se préoccupent pas d'arriver les premiers sur le marché.

D'autre part, la rupture par le bas, qui consiste à attaquer un marché existant avec un produit simplifié et moins cher. En général, ce type de produit est aussi moins performant. Il est parfois même de qualité médiocre, au moins au début. Dans les années 1960, les voitures japonaises étaient la risée des Occidentaux : elles étaient laides et simplistes. Mais elles étaient également fiables, peu onéreuses et n'imposaient pas à leurs acheteurs des options qu'ils ne désiraient pas. Elles ont donc ouvert un segment qui était de plus en plus frustré par les offres de l'époque, constitué des gens qui voulaient une voiture simple et pas chère. Avec le temps, les voitures japonaises se sont améliorées, jusqu'à définir les standards de qualité après lesquels les constructeurs occidentaux courent toujours. Il y a ainsi une règle quasi intangible : une rupture par le bas est toujours traitée par le mépris par les acteurs en place, et quand ils se réveillent, il est trop tard.

Rupture et démocratisation

L'observation de Christensen est fondamentale : nous avons tendance à opposer la création de nouveaux produits à des améliorations telles que la réduction des coûts. Seule la première est généralement considérée comme de l'innovation. Ce que nous dit Christensen, c'est que, en fait, l'introduction d'innovations de rupture et leur diffusion à une part toujours croissante de la population sont les deux faces d'une même pièce. Là réside la magie de l'innovation : en offrant un produit plus simple et moins cher, l'innovation de rupture permet aux « non-consommateurs », jusqu'alors exclus du marché, de faire ce qu'ils n'avaient pas pu faire jusqu'alors.

Joseph Schumpeter explique ainsi que ce n'est pas l'innovation qui est la caractéristique du système capitaliste : d'autres civilisations ou systèmes politiques ont été très innovants dans certains domaines (il faut penser à la technologie spatiale dans l'ex-URSS ou aux aqueducs de la Rome antique). La véritable caractéristique du système capitaliste est sa capacité inhérente à démocratiser l'innovation, en la rendant disponible au plus grand nombre. Schumpeter résume ainsi l'argument : « Le moteur capitaliste est d'abord et avant tout un moteur de production de masse, ce qui signifie inévitablement aussi production pour les masses. C'est le tissu bon marché, le tissu de coton et de rayonne pas cher, les bottes, les automobiles et ainsi de suite qui sont les réalisations typiques de la production capitaliste, et non pas en règle générale une amélioration qui signifierait beaucoup pour l'homme riche. La reine Elizabeth possédait des bas en soie. La réalisation capitaliste ne consiste pas en général à fournir plus de bas de soie pour les reines, mais à mettre ceux-ci à la portée des ouvrières en contrepartie d'une diminution constante des quantités d'effort [...]. Le processus capitaliste, non par coïncidence, mais en raison de son mécanisme propre, accroît progressivement le niveau de vie des masses[2]. »

En d'autres termes, les symboles du capitalisme et de l'innovation ne sont pas tant les start-up de haute technologie que Henry Ford, qui a rendu l'automobile abordable, Ikea, qui fabrique des meubles esthétiques bon marché, ou Bic, en France, avec ses stylos, rasoirs et briquets pas chers. Lancée en 1966, la couche de Procter & Gamble n'est pas la première couche jetable, il en existait depuis des dizaines d'années, mais son faible prix permet enfin au plus grand nombre de parents de ne plus laver les couches de leurs enfants, une révolution que ceux qui n'avaient pas les moyens d'avoir une employée pour les laver appréciaient au plus haut point. Au cœur de cette « démocratisation des produits », si importante, se trouve le mécanisme de l'innovation de rupture.

C'est important car surtout en France, baisser les prix n'est pas considéré comme une activité noble. Pays d'ingénieurs, on s'y enthousiasme pour le Concorde, le nucléaire, le TGV ou le tunnel sous la Manche. Pourtant la démocratisation s'inscrit dans une longue tradition française avec les grands innovateurs que sont Édouard Leclerc et Carrefour, le Club Med (à son origine), Bic, SEB, ou plus récemment Renault avec Dacia et Free avec son offre ADSL puis mobile. Le fait que Free soit en mesure de proposer un abonnement téléphonique mobile moins cher que le tarif soi-disant « social », lancé quelques mois auparavant par le gouvernement pour faciliter l'accès à la téléphonie mobile aux revenus modestes, est sans doute la meilleure illustration de l'impact que peut avoir l'innovation de rupture pour le plus grand nombre.

---

2. Joseph A. Schumpeter, *Histoire de l'analyse économique*, Paris, Gallimard, 2004.

Tesla Motors : démocratiser l'usage de la voiture électrique en changeant le modèle

Malgré une attention soutenue et des investissements importants sur la durée, le marché de la voiture électrique reste cantonné à un nombre limité de clients qui acceptent de payer plus cher pour des performances inférieures et un usage plus réduit. Tesla Motors est en train de changer l'équation : des voitures sportives aux performances et à l'esthétique comparables à leur équivalent thermique dans une gamme de prix similaire. Cette démocratisation s'incarne par trois ruptures : l'ouverture, le modèle d'affaires et le périmètre d'exercice.

- L'ouverture. En juin 2014, Tesla annonce laisser la possibilité à n'importe quelle entreprise ou particulier d'utiliser sa propriété intellectuelle librement. Décision étonnante pour une entreprise qui a développé une technologie de rupture et qui l'a protégée par de nombreux brevets. Pourquoi mettre à disposition cet avantage ? Parce que le frein principal au développement de la voiture électrique est le manque d'infrastructures de recharge. Favoriser l'émergence de nouveaux acteurs en leur rendant l'accès au marché moins coûteux est une façon d'augmenter le marché et ainsi de financer les coûts des infrastructures. En pratiquant l'ouverture, Tesla se donne la possibilité d'élargir le volume global du marché et de vendre plus. Tesla préfère avoir 50 % d'un marché d'un million de véhicules annuels que 100 % d'un marché de quelques dizaines de milliers de véhicules.
- Le modèle d'affaires. De plus, en favorisant l'émergence de nouveaux acteurs qui vont utiliser sa technologie, Tesla se positionne comme l'acteur central du véhicule électrique et se met en très bonne place pour capturer une partie de la valeur créée par d'autres en devenant fournisseur de composants ou d'équipements, voire en devenant une plateforme de services associés. Dans cette stratégie, le logiciel qui gère la voiture est la pierre angulaire : il est mis à jour à distance régulièrement. Loin de se cantonner à l'ergonomie du tableau de bord, les mises à jour concernent les performances du moteur ou des freins. Prochainement, elles pourraient transformer chaque Tesla déjà vendue en voiture sans conducteur. Avec le logiciel, le modèle change, la voiture devient un support pour une nouvelle source de revenus : celles des services liés à l'usage.
- Le périmètre d'exercice. Pour rendre sa technologie plus accessible, Elon Musk, fondateur de Tesla, a franchi un pas supplémentaire en annonçant au printemps 2015 la commercialisation de batteries domestiques qui permettront à chacun de stocker l'énergie qu'il produit (par exemple, avec des panneaux solaires). L'intérêt de cette initiative est double pour Tesla Motors. D'une part, l'augmentation du volume de production des batteries par un développement dans un autre marché (la maison) conduira à une baisse des coûts. D'autre part, permettre aux individus de produire l'énergie nécessaire à leur voiture réduit les coûts d'utilisation de la voiture électrique. Pour réaliser ce mouvement, Tesla a considéré que son marché et son périmètre d'action étaient tout autant l'énergie que la voiture.

Tesla prévoit ainsi pour 2017 la mise sur le marché d'un modèle à 30 000 dollars (contre 100 000 dollars aujourd'hui). Pour y parvenir, Musk cherche à augmenter le volume du marché en favorisant l'émergence de concurrents dans la voiture automobile et en allant chercher des volumes complémentaires dans d'autres industries (le stockage d'énergie domestique). Pour garder la main sur la capture de la valeur créée par sa technologie, il développe un modèle complémentaire au modèle industriel standard, un modèle de plateforme. La fin de l'histoire n'est pas encore écrite et l'avenir dira si cette stratégie s'avère plus efficace que celle d'un autre innovateur de rupture dans la voiture électrique, Shai Agassi, qui a laissé une ardoise de 800 millions de dollars aux partenaires de son projet Better Place, qui a longtemps été présenté comme la rupture que le marché de la voiture électrique attendait.

Louis-David Benyayer

Le caractère relatif d'une innovation de rupture

Une rupture, dès lors qu'elle est définie en relation avec le modèle d'affaires de l'organisation, est toujours une notion relative : ce qui représente une rupture pour un acteur peut représenter une continuité pour un autre. Ainsi, ajouter une offre de logiciels bureautiques en ligne est parfaitement naturel pour Google, entreprise web par excellence. C'est en revanche très difficile pour Microsoft, car l'entreprise a déjà une offre bureautique, mais avec un modèle différent, la vente de licences. Il y a donc conflit, car la vente en ligne vient cannibaliser la vente de licences.

Cela explique pourquoi, avec la même réaction que Kodak, Microsoft a mis très longtemps à « pousser » son offre bureautique web dans le domaine, même s'il en maîtrisait tous les aspects techniques. Toujours dans le cas de Google, ajouter une page d'actualités sur son site est très naturel, alors que le web pose d'énormes problèmes à la presse traditionnelle.

La rupture est un processus, pas un événement

Mais il y a une difficulté supplémentaire qui a trait à la nature particulière de la rupture, à savoir la dimension temporelle. La rupture met du temps à produire ses effets, et cela peut donner l'illusion à l'entreprise qu'elle dispose du temps pour y répondre. Nous l'avons vu avec Kodak : le rapport de 1981 annonce l'avènement du numérique pour 1995. Kodak a donc 15 ans devant lui pour « gérer » cette rupture. Le Fardier de Cugnot, la toute première automobile, est inventé en 1765. Il faudra pourtant attendre au moins un siècle pour que l'automobile devienne un marché.

Et c'est là toute la difficulté : si l'impact de la rupture est prévu pour dans quelques mois, l'entreprise sera forcée de réagir car la menace est immédiate. Mais si c'est dans quelques années, voire dizaines d'années, la prise de conscience ne se traduit pas en actes, du moins immédiatement. Rien n'est pire que l'incertitude sur l'horizon temporel de l'impact d'une rupture. Car entre-temps, le métier principal produit d'excellentes performances. Pourquoi donc s'inquiéter ? Dans le cas de Kodak, nous l'avons vu, le marché principal (film argentique) a continué de croître jusqu'en 2000 ! Difficile de traduire dans les faits une conviction que le numérique va remplacer l'argentique quand chaque année, le marché argentique censé mourir continue à croître et à rapporter beaucoup d'argent.

La rupture est un processus, pas un événement. Ses conséquences ne sont visibles que longtemps après son émergence et se poursuivent pendant des dizaines d'années. Cela rend toute réaction, même par un acteur aussi averti que l'était Kodak quant à l'avènement du numérique, très difficile. Contrairement à ce que l'on peut entendre, le changement se produit parfois très lentement, et paradoxalement, plus il est lent, plus cela est dangereux pour l'acteur en place.

Les trois leviers de l'innovation de rupture dans une industrie

Christensen a développé sa théorie en s'intéressant à plusieurs industries et notamment au secteur de la santé. Selon lui, la transformation d'une industrie par l'innovation de rupture repose sur trois leviers :

- un développement de la technologie et des connaissances qui deviennent de plus en plus accessibles ;

- de nouveaux modèles d'affaires ;
- un nouveau réseau de valeur.

Regardons ces trois éléments en détail.

Un développement de la technologie et des connaissances

Le développement des connaissances dans un domaine se traduit généralement par un développement technologique correspondant. Cela a deux effets. D'une part, la technologie permet de condenser la connaissance et de la concrétiser explicitement en un objet tangible. Le microprocesseur, par exemple, condense la connaissance accumulée par plusieurs siècles d'efforts de l'homme pour calculer avec une machine. D'autre part, la technologie est un moyen de diffuser cette connaissance sous forme utilisable. Le processeur permet l'invention de l'ordinateur personnel, ouvrant la diffusion au plus grand nombre de ce qui auparavant était réservé aux grandes entreprises et aux gouvernements. La technologie qui simplifie et qui rend moins cher est donc un facteur de démocratisation. Grâce à celle-ci, ce qui autrefois nécessitait un spécialiste ou une grande infrastructure peut être fait par tout un chacun. Le test de grossesse illustre cette simplification inexorable et ses conséquences.

Le test de grossesse : un exemple de démocratisation par l'évolution technologique

Savoir si une femme est enceinte est depuis longtemps une question importante pour l'humanité et de nombreuses techniques ont été développées pour y répondre. La technique des anciens Égyptiens consistait à arroser un sac de blé et d'orge avec l'urine de la femme. La germination indiquait une grossesse. Dans les années 1930, une meilleure connaissance des mécanismes hormonaux permet de développer un test plus précis. Il consiste désormais à injecter l'urine en sous-cutané à une souris femelle. Celle-ci est ensuite tuée et disséquée. Une ovulation indique la présence de l'hormone hCG, ce qui signifie une grossesse.

Une amélioration est ensuite réalisée avec le test de Hogben qui s'applique lui sur… une grenouille, qu'il n'est cependant pas nécessaire de tuer, progrès notable. On injecte du sérum ou de l'urine de la femme à une grenouille femelle. Si celle-ci produit des œufs dans les 24 heures qui suivent, le test est positif.

À partir des années 1960, les progrès techniques permettent de ne plus utiliser d'animal et de passer aux tests *in vitro* à partir d'un prélèvement. Celui-ci est fait par un médecin, et est envoyé à un laboratoire médical, autre innovation de cette période, qui effectue le test.

En 1978 est introduit le premier test individuel. Plus besoin ni de médecin, ni de laboratoire, les deux acteurs disparaissent, et le test est acheté en pharmacie, nouvel acteur qui apparaît. Aujourd'hui, ces tests sont achetés sur Internet, plus même besoin de pharmacien.

On voit comment sur un exemple très simple, une condition qui nécessitait une expertise humaine très importante et très chère, un médecin, un technicien de laboratoire et toute une batterie de technologies, est désormais traitée par un petit objet coûtant 3 euros qu'une patiente peut utiliser seule. Le test individuel encapsule, en quelque sorte, 500 ans de développement des connaissances sur la question en une forme utilisable par quelqu'un qui ne dispose probablement d'aucune d'entre elles[a].

(a) Source : Wikipedia http://en.wikipedia.org/wiki/Pregnancy_test.

De nouveaux modèles d'affaires

Pour que cette démocratisation soit possible, cependant, il faut que les modèles d'affaires correspondants soient inventés. Avant l'ordinateur personnel, les ordinateurs étaient souvent loués et partagés. Ils étaient gérés par des spécialistes, par lesquels on devait passer pour les utiliser.

Christensen estime qu'on peut distinguer trois modèles d'affaires[3] :

- Fournisseur de solutions : ils sont formés et structurés pour diagnostiquer et résoudre des problèmes uniques et complexes. Ce sont par exemple les consultants, les sociétés de services, les avocats, etc. Typiquement, les fournisseurs de solutions s'engagent sur les moyens, pas sur les résultats, et sont donc rémunérés en honoraires.
- Processus à valeur ajoutée : cela consiste à transformer un actif pour lui donner une valeur supérieure. Les restaurants et les fabricants de voitures sont typiques de la mise en œuvre de ces processus. Les acteurs à valeur ajoutée s'engagent sur le résultat, et non pas sur les seuls moyens, car leur approche industrielle et leur focalisation sur un problème très précis et très maîtrisé leur permettent de garantir ce résultat.

3. Christensen, Grossman et Hwang, *The Innovator's Prescription*, *op.cit.*

- Facilitateur de réseau : à la base, il organise l'échange entre participants en créant de la valeur à partir de la notion de mutualisation. Une assurance ou une mutuelle sont des exemples typiques de ces acteurs. Ils se rémunèrent sous forme de cotisations payées par les membres du réseau, directement ou indirectement.

Comment le modèle d'affaires est au cœur de l'innovation : l'exemple du textile

L'industrie textile en Europe conserve une image d'industrie en déclin, résultat des douloureuses restructurations des années 1970 et 1980, et de la concurrence implacable des pays à faible coût de main-d'œuvre qui semblent avoir établi une domination sans partage du secteur, en particulier depuis la suppression des quotas en 2005, qui a été le déclencheur de l'invasion de produits chinois. L'industrie semble dominée par la concurrence par les prix, dans laquelle les Européens n'ont aucune chance. Or, cette image est très trompeuse. Comme dans tout secteur, la lutte contre la banalisation des produits et la variable prix comme seule dimension concurrentielle passe par la différentiation, et donc l'innovation. Regardons-le avec deux exemples différents, Zara et Alsatextiles.
Zara a été fondé en Espagne en 1963 et son chiffre d'affaires atteint désormais 5 milliards d'euros. Pas mal pour une jeune entreprise dans un secteur en crise permanente depuis vingt ans. Quel est le secret de Zara ? En un mot, la réactivité et la mise en œuvre d'une chaîne logistique incroyablement sophistiquée, pour mettre en place ce que *The Economist* appelle « *fast fashion* », un peu comme il y a le fast-food. Tout est basé sur un suivi étroit des tendances et attentes dans les différents magasins. L'idée est de réagir immédiatement à la moindre évolution, et d'assurer un renouvellement des collections en permanence, non pas tous les six mois (hiver/été) comme il est de tradition dans l'industrie, mais toutes les semaines ! Ainsi, une cliente peut revenir souvent dans le magasin et ne jamais y retrouver la même chose. La mise en œuvre passe par une intégration totale des opérations, de la conception (Zara emploie 300 designers) à la fabrication, confiée en grande partie à une myriade de petits sous-traitants en Galicie. Cette approche est intéressante : seule la fabrication à proximité permet une telle réactivité. Une délocalisation en Asie abaisserait les coûts, mais nécessiterait un allongement substantiel des délais, en contradiction directe avec le concept économique. Zéro stock, de toutes petites séries pour éviter les invendus, calamité du secteur, le maître mot est la vitesse et la légèreté. Les magasins, eux, sont entièrement informatisés, permettant au siège de suivre en temps réel les ventes, ce qui lui permet d'être réactif. Bien

sûr, l'entreprise fait face à quelques défis : maîtrise de la croissance et faiblesse aux États-Unis, mais Zara illustre bien qu'il est possible de rester concurrentiel, voire leader, dans des secteurs réputés en crise, grâce à l'innovation. L'entreprise montre qu'il n'y a pas de secteur mature ou en déclin par nature, et qu'il n'y a rien d'inéluctable. L'innovation, dans le cas de Zara, n'est pas technologique. Il ne s'agit pas de sortir des habits haut de gamme ou toujours plus sophistiqués. Elle porte au contraire sur les processus et sur le modèle d'affaires de l'entreprise, qui consiste à offrir au client des vêtements à la mode tout en étant très bon marché. En un mot, un bon concept économique soutenu par une organisation originale et une mise en œuvre parfaite.

Un autre exemple d'innovation est celui d'Alsatextiles, une entreprise française basée en Alsace spécialisée dans l'impression numérique sur textile. Banal, diriez-vous ? Certainement pas. Dans le passé, l'impression sur textile nécessitait de graver des cylindres, un par couleur. Naturellement, on était très vite limité par le nombre de couleurs, et la gravure introduisait un coût fixe très important qui imposait de très grandes séries pour être rentable, sans parler du temps et de la main-d'œuvre qu'il fallait pour préparer les cylindres. Autant dire que le segment a été rapidement capté par les pays émergents, décimant les acteurs français. Alsatextiles a très tôt misé sur deux facteurs pour se repositionner dans le secteur. Le premier est l'impression numérique, et le second est la maîtrise des tissus. Deux compétences qui, combinées, lui ont permis de redéfinir un avantage concurrentiel. Le pari de l'impression numérique s'est fait dans un contexte de scepticisme des autres acteurs du secteur, notamment parce qu'initialement, l'impression numérique ne permettait pas d'obtenir une qualité égale à la gravure. Un grand classique de l'innovation de rupture. Ce qu'elle permettait en revanche, c'était de jouer sur une gamme de couleurs infinie, et de produire beaucoup plus rapidement les commandes. C'est donc sur ces deux facteurs qu'Alsatextiles a joué initialement en visant des applications où la qualité n'était pas cruciale, mais où la vitesse et la gamme de couleurs comptaient beaucoup, comme l'événementiel. Puis, la technologie ayant évolué, l'impression numérique a fini par rattraper la gravure en qualité. Mais il était trop tard pour les autres acteurs de basculer, la courbe d'apprentissage étant alors trop importante pour eux. Aujourd'hui, Alsatextiles est spécialisé dans la très petite série haut de gamme nécessitant une grande réactivité. Elle travaille par exemple pour un designer qui lui commande de nouvelles nappes tous les quinze jours pour ses magasins du monde entier, et pour un musée qui peut ainsi offrir une gamme de foulards en évolution constante. Dès que la série devient plus importante, et les délais moins cruciaux, l'entreprise perd son avantage. Alsatextiles explore donc tous les domaines où son avantage concurrentiel est valorisé : petites séries, réactivité, haute qualité d'impression et très grand nombre de couleurs, ainsi que des dessins ou photos que l'on ne pourrait pas imprimer en utilisant l'impression traditionnelle.

Un nouveau réseau de valeur

Le troisième élément de rupture est la création d'un nouveau réseau de valeur autour des trois modèles économiques que nous venons de décrire. Tel que défini par Christensen, un réseau de valeur caractérise le contexte dans lequel une entreprise établit une structure de coûts et des processus opératoires en travaillant avec un ensemble de parties prenantes telles que des fournisseurs et partenaires afin de répondre de manière profitable aux besoins d'un ensemble déterminé d'utilisateurs. Plus simplement, c'est le contexte institutionnel dans lequel une entreprise établit son modèle d'affaires.

Les recherches de Christensen ont montré depuis longtemps que la principale difficulté des innovateurs est qu'ils tentent souvent de forcer une innovation de rupture dans un réseau de valeur existant. Inévitablement, celui-ci absorbe l'innovation comme des sables mouvants.

Par exemple, lorsque Sony a introduit son poste radio à transistor dans les années 1960, l'entreprise japonaise a d'abord tenté de le faire distribuer par le réseau existant, celui des détaillants, qui vendait déjà les postes à lampes. *A priori*, des vendeurs de postes radio devraient forcément être intéressés par un nouveau modèle de poste radio. Il n'en fut rien. En effet, ce réseau tirait sa valeur non de la vente du poste, sur lequel la marge était réduite, mais du service, et notamment du remplacement des lampes. Le développement des transistors supprimait les lampes, et donc cette source de revenus. À la place d'un poste cher qui consommait régulièrement des lampes, on avait un poste peu cher, donc à faible marge, qui ne consommait que des piles, peu chères également, mais pas de lampe. Le changement de modèle d'affaires induit faisait que le réseau de valeur des lampes, centré autour du détaillant-réparateur, ne pouvait accepter le produit. Il n'y avait pas intérêt.

Sony s'est donc tourné vers les grands magasins, alors en plein développement. Au contraire des détaillants, ceux-ci étaient capables de tirer parti de produits moins chers avec une plus faible marge, compte tenu des volumes qu'ils vendaient. Ils étaient également à la recherche de produits nouveaux. Sony a ainsi créé un réseau de valeur propre, différent de celui des postes à lampes, sans les détaillants, sans le réseau de service après-vente, mais avec les grands magasins. C'est très souvent ce que doivent faire les innovateurs de rupture, car une innovation n'existe jamais dans un vide, mais prend place au sein d'un réseau qui permet de générer, et donc de partager, de la valeur. La réussite de l'innovateur de rupture dépendra donc beaucoup de sa capacité à intéresser un nombre croissant de parties prenantes pour créer ce réseau.

Comme le montrent beaucoup d'exemples, notamment ceux de Ford et Edison, la démarche de création d'un réseau de valeur est souvent ce qui distingue un inventeur, qui se contente de créer un produit, d'un innovateur.

Réseau de valeur et intéressement : l'exemple des kits photoélectriques pour l'Afrique

Dans les années 1970, le gouvernement français décide d'aider au développement de l'Afrique. L'absence d'éclairage est depuis longtemps identifiée comme un frein au développement : sans éclairage, les enfants ne peuvent faire leurs devoirs le soir. Le gouvernement français décide donc de subventionner la conception et la fabrication de kits photoélectriques permettant de recharger une batterie durant le jour grâce au soleil, abondant dans ces pays, pour être utilisée la nuit. L'appel d'offres est lancé, il est remporté par une entreprise qui conçoit les kits de manière à ce qu'ils soient robustes, et les kits sont envoyés en Afrique pour être distribués. Quelques semaines après, l'opération est un échec. Les kits ne sont pas utilisés. Pourquoi ?

Une étude montre rapidement que le produit en lui-même n'est pas en cause. Il répond bien aux spécifications demandées. En poussant l'étude, on observe que les sites d'installation des premiers kits sont choisis au gré des pressions politiques locales et aboutissent dans des endroits où ils ne sont pas nécessairement utiles, loin des enfants en tout cas. Ces kits étant offerts et non vendus, il faut bien trouver un moyen de décider qui en bénéficiera, et ce n'est pas simple.

Par ailleurs, les réparateurs locaux sont hostiles à ce kit : en effet, pour éviter les pannes, les ingénieurs français ont fermé hermétiquement l'ensemble batterie-régulateur, ce qui interdit toute réparation locale et prive donc les réparateurs d'une source de revenus – et de pouvoir – non négligeable. En outre, le fil électrique du kit est trop court et empêche son installation sur le toit, ce qui est pourtant indispensable pour le protéger du bétail en libre circulation. La lampe utilisée répond à un standard inconnu en Afrique, que personne ne maîtrise. Et la liste continue ainsi.

Cet exemple illustre une conception bien particulière de l'innovation : celle dans laquelle le scientifique invente et l'utilisateur adopte, de manière passive, l'invention. Mais il en va rarement ainsi. L'innovation est un processus d'adoption, d'appropriation et de détournement dans lequel les « utilisateurs » jouent souvent un rôle actif aux côtés d'autres parties prenantes, qui ne sont pas forcément utilisatrices. Identifier les parties prenantes et comprendre leur motivation est donc essentiel. Celles-ci sont souvent inattendues, comme dans le cas des réparateurs locaux ou du chef de tribu dont l'ingénieur français, situé en région parisienne, n'aurait jamais pu soupçonner l'importance[a].

(a) Source : Madeleine Akrich, Michel Callon et Bruno Latour, « À quoi tient le succès des innovations ? Premier épisode : l'art de l'intéressement », *Annales des Mines*, juin 1988. Cet article reste l'un des meilleurs qui soient sur la nature de l'innovation, et sa lecture est vivement recommandée. Il est accessible à l'adresse : http://hal.archives-ouvertes.fr/docs/00/08/17/41/PDF/SuccesInnovation.pdf.

Au modèle de diffusion (l'inventeur invente, l'utilisateur adopte), on doit donc substituer un modèle d'intéressement où le processus d'innovation consiste à mobiliser des acteurs autour du projet d'innovation en évolution. Ces acteurs se trouvent à l'extérieur de l'organisation (réseau de valeur) mais aussi et peut-être surtout à l'intérieur.

L'innovation est donc un processus social (ou sociotechnique). Pour mobiliser ces acteurs, il faut les intéresser au sens où ils doivent avoir intérêt à la réussite de l'innovation. Dans le cas du kit évoqué dans l'encadré, on aurait dû commencer par analyser le réseau des acteurs locaux : utilisateurs, parents, enfants, chefs de tribu, responsables religieux, réparateurs, distributeurs, concurrents offrant des produits alternatifs (lampe de poche), etc. À partir de là, on se serait demandé comment motiver certains d'entre eux pour promouvoir l'innovation, le meilleur moyen de motiver étant de cocréer.

Résumé du chapitre

L'innovation de rupture est une innovation qui nécessite pour l'acteur en place un modèle d'affaires différent du modèle d'affaires existant. C'est donc une notion relative : ce qui est une rupture pour un acteur peut être continu pour un autre. L'innovation de rupture est un agent de transformation d'une industrie qui repose sur trois leviers : un développement de la technologie et du savoir en général du secteur, de nouveaux modèles d'affaires qui définissent une nouvelle façon de créer de la valeur et un nouveau réseau de valeur dans lequel s'inscrit l'entreprise.

Deuxième partie

LA TRAGÉDIE DU MODÈLE D'AFFAIRES

Dans cette deuxième partie, nous relions la rupture, phénomène externe de l'environnement, à l'organisation qui lui fait face. Dans le chapitre 3, nous montrons que la rupture n'est pas principalement une question de technologie, mais de modèle d'affaires, ce qui la relie à l'identité de l'organisation. Nous montrons, dans le chapitre 4, comment le modèle d'affaires explique pourquoi un acteur en place peut être incité à rejeter rationnellement une rupture : c'est en effet le modèle d'affaires qui détermine si une opportunité est attractive ou non. Du point de vue de son modèle d'affaires existant, la rupture n'a aucun sens, car elle appelle un modèle d'affaires nouveau. Finalement, dans le chapitre 5, nous étudions un type de rupture très important, la rupture par le bas ou low-cost. L'innovation de rupture ne consiste pas uniquement à introduire des produits radicalement nouveaux et sophistiqués, mais aussi des produits plus simples, moins performants sur certains critères. C'est même une des sources importantes de transformation de notre environnement et il est important d'en comprendre la dynamique.

3

Rupture : de la technologie au modèle d'affaires

Pourquoi les acteurs en place commencent-ils toujours par sous-estimer l'impact d'une nouvelle technologie ? Pourquoi ignorent-ils les utilisateurs potentiels d'une nouvelle technologie ? Pourquoi l'échec des acteurs en place face à une rupture n'est-il pas, au final, une question de technologie, mais de modèle d'affaires ?

La sous-estimation initiale d'une nouvelle technologie

Une cause d'échec fréquente des acteurs en place tient au fait qu'ils ont tendance à sous-estimer l'impact d'une innovation technologique sur leur activité. Regardons pourquoi.

L'un des modèles les plus répandus pour évaluer la dynamique de performance d'une technologie est la courbe en S. L'idée est qu'initialement, la nouvelle technologie est relativement peu performante et ne progresse que lentement au cours du temps. Songez aux premières automobiles, très compliquées à mettre en œuvre, et qui ne roulaient que quelques mètres avant d'exploser. Il faudra plus d'un siècle pour que l'automobile devienne plus fiable et plus facile à conduire. Puis l'amélioration de performance se fait plus rapide et la technologie entre dans une période de très forte progression. Au bout d'un moment, la technologie mûrit et la progression ralentit. On obtient ainsi une forme de progression en S aplati : démarrage lent, forte accélération, puis à nouveau progression lente.

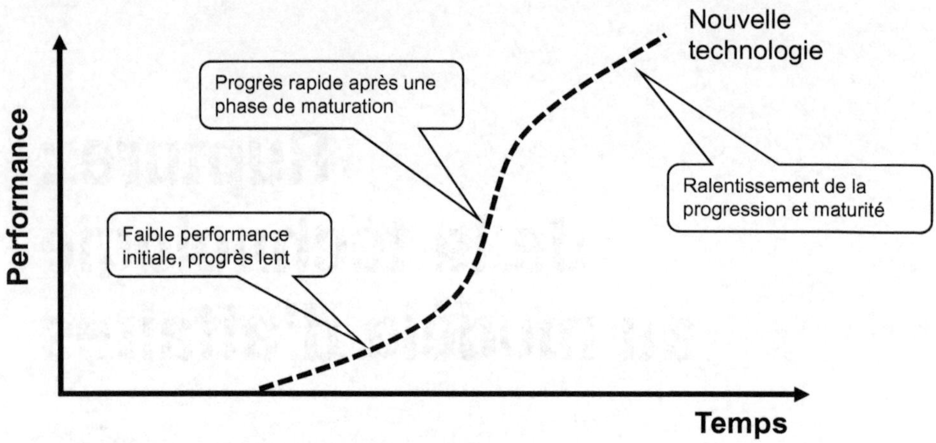

Figure 3.1 La courbe en S décrit l'évolution au cours du temps d'une technologie en termes de performance

Là où la courbe en S devient intéressante, c'est lorsqu'on l'utilise pour comparer la nouvelle technologie à celle actuelle. *A priori*, cette dernière est plutôt en fin de cycle, donc avec une progression linéaire, relativement faible en termes de performance. On a donc le schéma suivant (figure 3.2).

Au début, la nouvelle technologie a très souvent une performance inférieure à la technologie actuelle : en 1765, lorsque Cugnot invente la première voiture, il vaut mieux continuer à se déplacer à cheval, et cela reste vrai pendant un siècle au moins. Jusqu'au début du 20e siècle, les voitures sont lentes, difficiles à conduire et tombent souvent en panne.

Mais la technologie progresse. Elle devient progressivement plus fiable, plus performante, plus facile à utiliser. Un jour, les deux courbes se croisent (cercle noir sur le schéma). C'est le moment du basculement du marché. Dans l'automobile, cela correspond approximativement à l'introduction de la Ford T, en 1908, le moment où

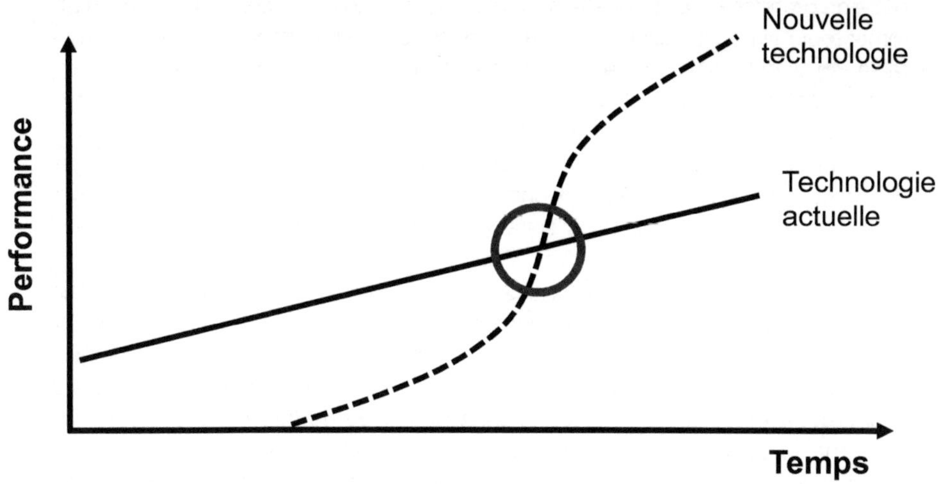

Figure 3.2 Courbe en S de performance relative entre deux technologies

l'automobile cesse d'être un hobby pour riches et devient un marché pour (presque) tous. Ensuite, après le croisement, la nouvelle technologie continue sa progression, laissant définitivement derrière elle la technologie actuelle qui, du coup, devient l'ancienne technologie.

La courbe en S explique donc bien pourquoi au début la nouvelle technologie est rejetée par les acteurs en place. Elle est clairement moins performante que l'actuelle. Ce fut le cas des premiers téléphones mobiles, lourds et dont la connexion était très imparfaite, des stylos à bille qui fuyaient, de la voix sur Internet en 1998 qui était à peine utilisable, etc.

Un bon exemple de sous-estimation d'une technologie : l'impression 3D

Pour ceux qui auraient vécu sur Mars ces derniers mois, l'impression 3D, ou fabrication additive, est une technologie permettant de fabriquer des objets par addition de gouttelettes de matière et non par assemblage de pièces fabriquées au préalable. La technique existe depuis les années 1980, mais ses progrès récents sont fulgurants et la baisse des prix des imprimantes 3D est importante, au point qu'on puisse désormais en acheter une pour moins de 1 000 euros.

Ce développement technologique allié à cette baisse de prix importante permet désormais de rendre la fabrication accessible à presque tous. Nous avons été élevés dans l'idée que la fabrication, parce qu'elle implique de la matière, a besoin d'être centralisée pour être rentable. Elle requiert des machines spécialisées, chères, et donc du capital, qui nécessite une concentration. La fabrication nécessite en outre de grandes séries pour être rentable, sauf à vendre très cher. L'impression 3D remet tout cela en question. Elle permet la fabrication sur mesure de manière rentable, en partie parce qu'elle est intrinsèquement économe en matière première. Son impact économique et social reste difficile à prévoir, mais il sera de toute évidence important et certains parlent même de nouvelle révolution industrielle.

L'un de mes correspondants se montrait fort sceptique quant à cette technologie. Fabricant de vélos spécialisés, il racontait qu'il avait dû récemment rappeler tous ses produits parce que quelques-uns d'entre deux avaient un défaut de soudage. Le rappel lui avait coûté près de 300 000 euros. Selon lui, une telle mésaventure illustre la complexité des processus de fabrication actuels et combien l'impression 3D est très loin d'être capable d'arriver à ce niveau d'exigence en termes de qualité, et donc pourquoi les méthodes de fabrication traditionnelles avaient encore de beaux jours devant elles. Cet interlocuteur commet l'erreur classique de juger une innovation de rupture à l'aune de la technologie dominante. L'innovation de rupture est souvent moins performante sur les critères dominants, mais elle offre de nouvelles possibilités sur d'autres critères. Ainsi, il n'est pas raisonnable d'exiger de l'impression 3D qu'elle atteigne la qualité des processus de fabrication traditionnelle, et le fait qu'elle ne l'atteigne pas ne doit pas être une raison pour minimiser son importance. Ce qu'apporte l'impression 3D, c'est une qualité suffisante (les anglophones disent «*good enough*») dans de nombreux cas, mais d'immenses possibilités en termes de souplesse et de coûts de fabrication. L'impression 3D, comme toutes les innovations de rupture, ce n'est donc pas la même chose en mieux, mais autre chose.

Prise en compte de nouveaux critères de performance : la courbe de valeur

Mais alors une question se pose : si la nouvelle technologie est si inférieure à la technologie actuelle pendant si longtemps, pourquoi est-elle adoptée par un nombre croissant de gens ? Clairement, cette adoption dépasse le cadre des seuls passionnés. En fait la réponse est simple : c'est parce que, bien qu'inférieure sur certains critères de performance, elle offre de nouveaux critères que n'offre pas la technologie actuelle.

La courbe en S n'est donc pas suffisante pour rendre compte de cette diversité de critères, car elle se focalise sur un critère relativement générique de «performance», ou plus précisément elle se focalise sur le critère *dominant* de performance établi par la technologie actuelle. Dans le cas de la voix sur Internet, le critère dominant était à la fin des années 1990 la qualité de la communication offerte par les opérateurs de télécommunication.

Il faut donc recenser les critères pertinents pour évaluer les performances relatives des deux technologies sur chacun de ces critères, actuels et nouveaux. Cela se fait au moyen de ce qu'on appelle la « courbe de valeur[1] ».

Regardons comment avec un exemple très simplifié, celui de la photo. Quels sont les critères de performance qui définissent la photo argentique en 1995 ? On peut citer le prix d'achat de l'appareil, la résolution du film, les fonctions complémentaires comme l'autofocus. Lorsque la photo numérique arrive à ce moment, elle apporte les critères suivants : capacité à voir la photo immédiatement, facilité de partage de la photo (à l'époque par disquette haute capacité, puis ensuite avec Internet), absence de coût variable pour les photos (plus de film), et capacité à modifier facilement la photo prise (pour enlever les yeux rouges, par exemple) avec un logiciel. À cette époque, les appareils photo numériques sont encore très chers et offrent une faible résolution. L'argentique est donc supérieur sur ces critères. Sur les autres critères, le numérique est clairement supérieur.

Le résultat de cette comparaison est illustré par la figure 3.3.

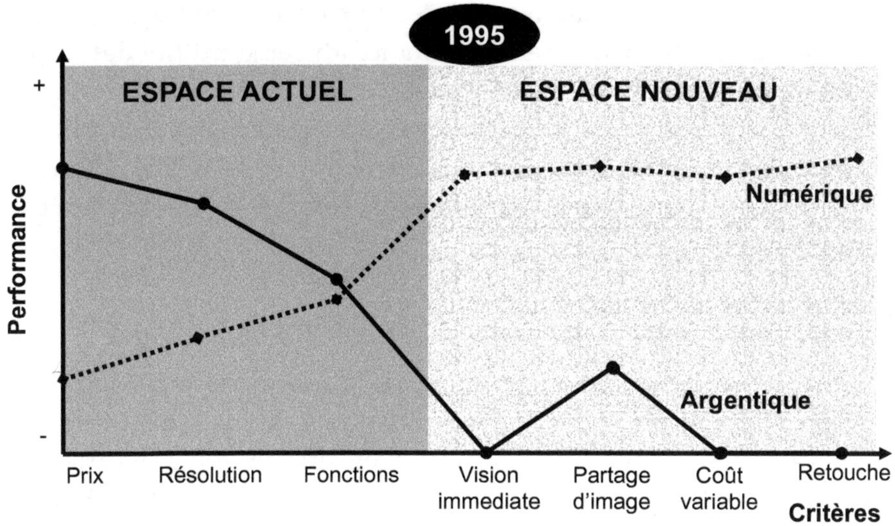

Figure 3.3 La courbe de valeur permet d'anticiper qui va adopter une nouvelle technologie et qui va la rejeter

1. Le concept de courbe de valeur a été introduit par Kim et Mauborgne. Voir W. Chan Kim and Renée Mauborgne, *Stratégie Océan Bleu. Comment créer de nouveaux espaces stratégiques*, Paris, Pearson, 2015, 2e éd.

On délimite ainsi, à partir des critères, un espace « actuel », où prédomine l'actuelle technologie, et un espace « nouveau », où c'est la nouvelle technologie qui prédomine. Le simple fait qu'il y ait ces deux espaces montre que la nouvelle technologie ne peut pas remplacer l'actuelle : elle n'est pas meilleure en tous points, mais en certains seulement. Il y aura donc une répartition des rôles, en quelque sorte, avec l'actuelle technologie préférée par ceux qui valorisent les critères actuels, et la nouvelle par ceux qui valorisent les nouveaux.

On voit au moyen de ce schéma simple comment une technologie nouvelle peut être rejetée : la faible résolution graphique initiale offerte par la photo numérique fait qu'elle ne peut être adoptée par les photographes professionnels qui la considèrent dès lors comme un jouet pour amateurs.

Mais encore une fois, la nouvelle technologie a un avantage : elle progresse. À partir d'un certain point, elle évolue même plus vite que la technologie actuelle. C'est ce qui s'est passé pour la photo numérique : le prix des appareils a commencé à baisser pour rejoindre progressivement celui des appareils argentiques, et la qualité des photos a augmenté pour atteindre aujourd'hui des résolutions très élevées. À un moment donné, la photo numérique devient supérieure en tous points et en tous critères à la photo argentique, qui disparaît alors rapidement. Elle est même adoptée par ceux qui la rejetaient initialement, comme les photographes professionnels.

Coexistence entre l'ancienne et la nouvelle technologie

Toutefois, la progression de la nouvelle technologie le long des critères de performance n'est pas toujours systématique. Certains critères peuvent être mutuellement exclusifs, en quelque sorte. Si l'on regarde le cas de la téléphonie fixe confrontée à la téléphonie mobile, on observe que le téléphone mobile est intrinsèquement inférieur au téléphone fixe en termes d'autonomie et de garantie d'accès au réseau, notamment. Ainsi, les deux « espaces » coexistent et le téléphone mobile ne remplace pas complètement le téléphone fixe, du moins pas pour l'instant. De même ni le magnétoscope ni

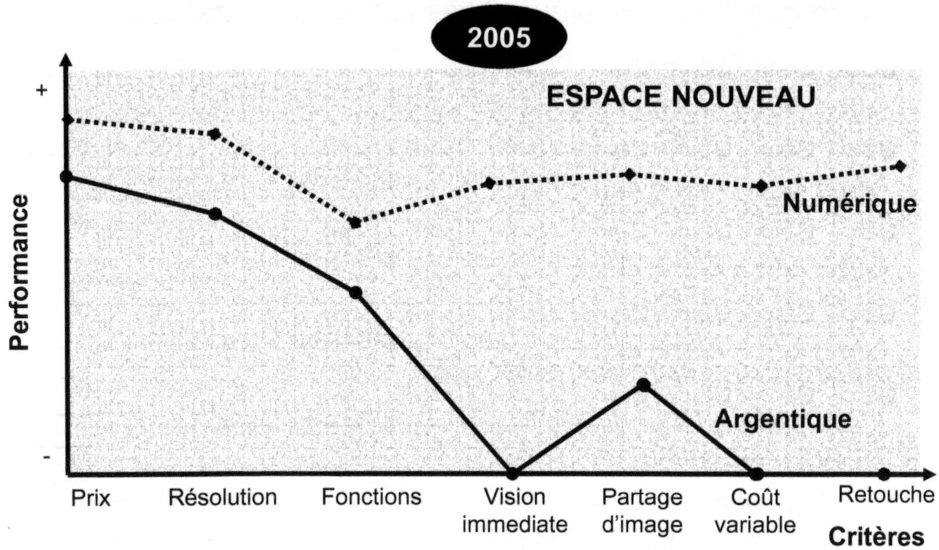

Figure 3.4 À force de progression, la nouvelle technologie devient en tous points meilleure que la technologie actuelle

le lecteur DVD n'ont supprimé les cinémas ; le four à micro-ondes n'a pas remplacé le four traditionnel, ni le réacteur le moteur à hélice.

La délimitation des espaces de performance propres à chacune des technologies permet donc d'anticiper leur succès relatif en mettant en relation les critères et les catégories d'utilisateurs sensibles à ces critères. On a vu dans l'exemple de la photo que l'importance des critères est subjective : un photographe professionnel sera très attaché à la résolution de l'image, tandis qu'un amateur sera plus sensible au prix et se contentera volontiers d'une résolution moyenne, pourvu qu'elle soit « suffisante ».

Au final, la courbe de valeur permet d'expliquer assez simplement pourquoi certains utilisateurs rejettent initialement une nouvelle technologie tandis que d'autres l'adoptent. Cela permet d'expliquer, par extension, pourquoi ceux qui travaillent avec ceux qui la rejettent la rejettent également : si vous être un fournisseur d'appareil photo pour les photographes professionnels et que ceux-ci vous disent que le numérique est sans intérêt, vous aurez tendance à vous ranger à leur avis.

Qui adopte l'offre de rupture ? Les non-consommateurs

Le propre d'une rupture est de faire émerger une offre différente de l'offre actuelle. Nous venons de le voir, cette nouvelle offre sera caractérisée par des critères de performances nouveaux. Elle pourra être inférieure sur certains critères et supérieure sur d'autres critères. Nous avons vu que la courbe de valeur permet de montrer que tous les utilisateurs potentiels ne vont pas être intéressés pareillement par la nouvelle offre.

Pour ce qui est des utilisateurs, regardons ce qui va se passer en prenant l'exemple de la téléphonie par Internet :

- D'une part, les utilisateurs de l'offre actuelle (la téléphonie classique offerte par les opérateurs) vont avoir tendance à rejeter l'offre de rupture, car ils valorisent le critère de performance dominant (la qualité d'appel) aux dépens du critère de performance émergent (le prix). En effet, un professionnel sera moins sensible au prix qu'un particulier, car il ne peut pas se permettre d'appeler ses correspondants avec une ligne de mauvaise qualité.
- D'autre part, l'offre en rupture va séduire une nouvelle catégorie d'utilisateurs, ceux qui ne pouvaient pas utiliser l'offre actuelle. On appelle ceux-ci les « non-consommateurs ». Dans notre exemple, ce sont tous ceux qui ne pouvaient pas téléphoner, car c'était beaucoup trop cher (à l'étranger notamment). Ces non-consommateurs vont adopter l'offre émergente malgré sa mauvaise qualité sur le critère dominant, car pour eux le choix est simple : c'est une communication de mauvaise qualité ou rien. Par exemple, les étudiants internationaux peuvent désormais appeler leur famille pour échanger des nouvelles malgré la mauvaise qualité de l'appel, ce qu'ils ne pouvaient faire avant. Ce qui est important ici, c'est que l'offre de rupture permet à cette catégorie, qui jusque-là ne pouvait pas être utilisatrice, de le devenir. L'innovation a « débloqué » leur accès à la consommation de téléphonie. De non-consommateurs, ils peuvent devenir consommateurs. C'est pour cela qu'ils acceptent une mauvaise qualité de conversation, ce que refuserait un client de l'offre actuelle.

Il est important de ne pas confondre un non-consommateur avec un non-client. Un non-client, c'est quelqu'un qui n'achète pas chez vous. Peut-être achète-t-il chez un concurrent, ou peut-être n'a-t-il pas encore décidé d'acheter. Un non-consommateur, en revanche, n'achète chez personne : ni chez vous, ni chez aucun de vos concurrents. Un non-consommateur trouve un moyen de résoudre son problème (ou de faire ce qu'il doit faire) d'une autre manière, avec des substituts. Par exemple, avant l'avènement du low-cost aérien, les étudiants voyageaient par le train et s'en satisfaisaient. Ce point est important car il se peut très bien que les non-consommateurs soient satisfaits de la façon dont ils résolvent actuellement leur problème. Cela explique les difficultés des études de marché en situation de rupture. Quand on interrogeait les utilisateurs potentiels de la téléphonie mobile dans les années 1970 ou 1980, ils répondaient souvent qu'ils n'en voyaient pas l'utilité : ils téléphonaient très peu, et si le besoin s'en faisait sentir hors de chez eux, il y avait toujours un café ou une cabine à proximité. Les non-consommateurs peuvent également conclure que leur problème ne peut être résolu. Ainsi, le montage vidéo a-t-il longtemps été réservé aux spécialistes. Dans les années 1990, avec l'introduction du logiciel Adobe Première, les amateurs équipés d'un simple PC ont pu à leur tour faire des montages simples. Aujourd'hui, le site YouTube offre des outils de montage rendant l'opération accessible au plus grand nombre, gratuitement.

Les causes de la non-consommation

D'une manière générale, la non-consommation a quatre causes principales, qui peuvent naturellement se combiner pour bloquer un marché[2] :

- Le prix : l'offre actuelle est beaucoup trop chère et est réservée à une élite. C'est le cas de l'automobile qui était un objet de luxe avant la Ford T, ou des stylos avant Bic.
- La complexité : l'offre actuelle est focalisée sur la performance technique aux dépens de la facilité d'utilisation. C'est par exemple le cas des smartphones Nokia avant l'iPhone ; on songe également à la complexité de faire des photos jusqu'à l'invention

2. Source : Scott D. Anthony and Mark W. Johnson, *The Innovator's Guide to Growth: Putting Disruptive Innovation to Work*, Harvard Business Review Press, 2008.

de la Brownie caméra de Kodak, qui ouvre la photographie au grand public en 1900, ou à l'envoi de colis avec livraison garantie à l'autre bout du monde avant FedEx.

- L'accès : l'offre existe, mais elle est trop difficile d'accès de façon pratique (passer un appel téléphonique avant l'avènement du téléphone mobile, photocopier un document dans une entreprise dans les années 1950 ou trouver un livre rare avant Amazon).
- Le temps et les conditions d'utilisation : l'offre actuelle ne correspond pas aux conditions dans lesquelles une partie des utilisateurs potentiels pourrait être intéressée. C'est par exemple le cas de l'enseignement supérieur classique qui exige souvent une présence à plein temps en journée ou ne permet pas d'étudier à son rythme.

L'innovation de rupture consiste donc à identifier une ou plusieurs causes de non-consommation sur un marché donné et à la résoudre par des moyens techniques, légaux, ou autres. Le Club Med en est un bon exemple : il invente le tourisme de masse à partir des années 1950 en rendant extrêmement simple, peu onéreux et sûr pour toute une génération le séjour de vacances dans un pays lointain. Là où de tels séjours nécessitaient auparavant une longue préparation, ce qui les réservait nécessairement à un petit nombre, il suffit désormais d'un simple appel téléphonique ou d'une visite dans une agence de voyages. L'innovateur de rupture est ainsi souvent un intégrateur de services et de technologies.

La rupture n'est pas une question de technologie, mais de modèle d'affaires

Au moyen de la courbe en S, puis de la courbe de valeur, nous avons identifié une cause d'échec importante des acteurs en place face à l'émergence d'une technologie de rupture : le fait que celle-ci ait des performances inférieures à la technologie actuelle sur le critère dominant de performance les amène à en sous-estimer le potentiel et à ignorer les utilisateurs qu'elle intéresse.

La difficulté de l'innovation de rupture ne réside toutefois pas principalement dans sa dimension technologique, et la distinction souvent faite entre innovation radicale et innovation continue n'est pas pertinente. En effet, on observe deux exceptions :

- D'une part, certaines innovations, pourtant radicales au sens où elles traduisent un changement technologique important, n'ont pas d'impact disruptif. Elles sont donc facilement adoptées par les acteurs en place et les renforcent. C'est le cas de la téléphonie mobile pour les opérateurs télécoms historiques : si les infrastructures mobiles sont différentes de celles du fixe (il y a les antennes, notamment), la gestion d'un réseau mobile et d'un réseau fixe est relativement similaire : on a des coûts fixes très élevés, un grand nombre de clients que l'on facture chaque mois sur la base de leur consommation. C'est donc sans surprise que les opérateurs fixes ont réussi facilement à devenir des acteurs du mobile : la technologie n'était pas une rupture pour eux. On observe d'ailleurs que, pour la même raison, certains opérateurs mobiles comme Bouygues Télécom se sont facilement développés dans le fixe.
- D'autre part, certaines innovations de rupture ne sont pas des innovations radicales du tout, c'est-à-dire qu'elles traduisent un changement technologique très faible, voire inexistant. C'est le cas du low-cost aérien : les compagnies low-cost utilisent strictement les mêmes ressources (technologies, avions, pilotes) que les compagnies aériennes classiques, et pourtant elles représentent une rupture si forte que ces dernières, plus de quarante ans après le début de la rupture, ont encore du mal à la digérer comme en témoignent les difficultés d'Air France avec sa filiale low-cost Transavia. La Dacia Logan de Renault, une autre rupture par le bas, utilise des technologies tout à fait standards, mais correspond à un modèle d'affaires différent du modèle de Renault, tant et si bien que la voiture a été créée par une entité différente, car il est difficile de faire coexister deux modèles sous un même toit. Renault a initialement eu du mal à gérer les deux, surtout sur le plan culturel en interne.

La distinction importante, parce qu'elle a des conséquences sur la gestion de l'innovation, est donc celle entre innovation continue et innovation de rupture. L'innovation continue, c'est celle qui se fait en conformité avec le modèle d'affaires de l'entreprise, qu'elle soit radicale ou non. L'innovation de rupture, c'est celle qui se fait en... rupture avec le modèle d'affaires de l'entreprise, là encore qu'elle soit radicale ou non.

Résumé du chapitre

La technologie est un facteur important de rupture. Il y a deux causes d'échec des acteurs en place face à une rupture technologique : la première est due au fait qu'initialement, la nouvelle technologie tend à avoir une performance inférieure à l'actuelle sur le critère dominant de performance. Comme ils ont bâti leur succès sur cette dernière, les acteurs en place ont donc tendance à rejeter la nouvelle. La seconde tient au fait que la nouvelle technologie introduit de nouveaux critères de performance. Ceux-ci séduisent une nouvelle catégorie d'utilisateurs qui jusque-là ne pouvaient utiliser l'ancienne, les non-consommateurs. Mais comme les acteurs en place consacrent leur énergie à la satisfaction de leurs clients actuels, intéressés par la technologie actuelle, ils ont tendance à ignorer les non-consommateurs et donc à abandonner le marché naissant à un nouvel entrant. Au final, ce n'est pas la technologie en elle-même qui constitue une rupture, mais le fait qu'elle soit ou non compatible avec le modèle d'affaires actuel de l'acteur en place.

4

Comment les ressources, processus et valeurs d'une entreprise déterminent sa réaction à une rupture

Pourquoi un acteur en place ignore-t-il volontairement une rupture de son environnement et abandonne-t-il ainsi le marché naissant à un nouvel entrant ? Comment l'attractivité d'une opportunité est-elle déterminée par les ressources, processus et valeurs d'une organisation ? Pourquoi l'acteur en place réagit-il en forçant l'adaptation de la rupture dans son modèle actuel plutôt qu'en inventant un modèle adapté à la rupture ? Pourquoi les start-up ont-elles un avantage face aux acteurs en place en situation de rupture ? Comment l'identité et la culture d'une organisation déterminent-elles la réponse d'une organisation à une rupture de son environnement ?

Le désintérêt rationalisé de l'acteur en place pour la rupture

Nous avons montré plus haut que l'innovation est l'art de l'intéressement. Au premier chef, c'est celui de l'intéressement de l'innovateur lui-même. En matière d'innovation de rupture, l'échec n'est dû ni à un manque de ressources, ni à la vitesse du changement, ni à une incapacité du management des entreprises, mais au manque d'intérêt que représente la rupture pour l'organisation. Dit autrement, l'opportunité que représente la rupture n'est pas attractive et celle-ci est donc rationnellement rejetée.

Regardons comment cela fonctionne au travers d'un exemple simple. Vous êtes un fabricant d'imprimantes en 1990. Votre produit est une imprimante laser haut de gamme que vous vendez 10 000 euros à des entreprises *via* une force de vente directe spécialisée. Très performante, votre imprimante permet d'offrir à vos clients des coûts d'impression à la page de l'ordre de 3 centimes seulement, ce qui est important, car ils impriment de très gros volumes. C'est même le critère de performance dominant de l'industrie, tous les autres paramètres étant égaux par ailleurs (comme la fiabilité par exemple). Vos ingénieurs travaillent donc à abaisser toujours plus ce coût, l'un de vos avantages concurrentiels principaux et le critère principal de choix de vos clients. Vous êtes leader du marché.

Un jour, votre directeur R&D vous présente sa dernière invention : grâce à une nouvelle technologie d'impression dite « à jet d'encre », il est désormais capable de produire une imprimante à environ 1 000 euros, ce qui permettrait évidemment d'élargir considérablement la taille du marché. Le coût à la page serait cependant d'environ 30 centimes.

Trois problèmes se posent avec cette innovation : vos clients ne vont pas être intéressés, vous ne savez pas qui pourrait être intéressé ou si vous le savez, vous ne savez pas les atteindre, et l'innovation n'a pas de sens pour votre organisation. Regardons cela en détail.

Vos clients actuels ne sont pas intéressés

Comparons les deux technologies à l'aide de la figure 4.1.

Technologie	Vitesse	Qualité	Coût d'achat	Coût/page
Laser	Haute	Haute	10.000€	0,03
Jet d'encre	Basse	Basse	1.000€	0,30

Figure 4.1 Deux technologies comparées à partir des critères de performance

Vos clients actuels ne peuvent pas être intéressés par le nouveau produit. À 30 centimes le coût de la page, le nouveau produit ne répond pas du tout à leurs attentes : au contraire, ce qu'ils veulent est un abaissement continu de votre coût d'impression, actuellement à 3 centimes. Dit autrement, vous n'avez pas amélioré votre produit le long du critère dominant de performance, en l'occurrence ici le coût d'impression par page.

Vous commettez le péché cardinal du marketing, celui de ne pas être à l'écoute de vos clients en répondant à leurs demandes (vous n'êtes pas « orienté client »). Sans surprise, les commerciaux reviennent déçus de leurs visites et expliquent que les clients ne veulent pas du nouveau produit. Conclusion : « Il n'y a pas de marché. »

Vous ne savez pas qui pourrait être intéressé

Vous ne savez pas qui pourrait être intéressé par le nouveau produit. Dans notre cas, nous avons un produit qui fait augmenter le coût de l'usage d'un facteur 10, avec une qualité inférieure… Seul le prix d'achat semble intéressant. Bien sûr, on sait aujourd'hui que la technologie jet d'encre a trouvé son marché dans le grand public et les petites entreprises, mais au moment où la technologie émerge, ce n'est pas toujours évident. Ainsi, Edison a inventé le phonographe pour permettre aux hommes d'affaires d'enregistrer leur courrier sur un disque. Cela n'a pas du tout marché et il a été très étonné lorsque le phonographe a finalement été utilisé pour jouer de la musique.

Même si vous finissez par identifier un marché cible pour votre nouvelle technologie, vous n'êtes pas sûr d'être capable de l'atteindre : Vous disposez en effet d'une force de vente directe habituée à vendre aux grandes entreprises, et celle-ci serait incapable de vendre un produit grand public. Il vous faudrait donc constituer une structure dédiée avec des profils tout à fait différents, capable de vendre, par exemple, aux supermarchés et de marketer pour le grand public. Cette nouvelle compétence doit être construite. Cela représente un investissement significatif, une aventure hors de votre métier actuel, pour un marché qui n'existe pas encore, et donc un risque considérable.

Votre organisation n'est pas intéressée, votre réseau de valeur non plus

Si cela ne suffisait pas à supprimer toute motivation pour ce nouveau marché, vous observez également que le nouveau produit n'a pas de sens pour votre organisation. Votre force de vente est constituée pour vendre à des clients grandes entreprises. Chaque vendeur vend peu de produits, mais à forte marge, sur lesquels il gagne une forte commission. Vendre un produit dix fois moins cher n'a aucun intérêt pour lui car sa commission sera dix fois inférieure tandis que l'effort sera probablement le même. Non seulement il ne sait pas vendre le produit, mais il n'est pas du tout motivé pour le faire.

Bien entendu, on peut arguer que l'imprimante jet d'encre représentera un volume très supérieur, mais au moment où le produit est lancé, cela reste à prouver. En outre, votre directeur financier est consterné par les faibles marges et l'impossibilité de disposer de prévisions fiables pour ce marché entièrement nouveau. Les stratèges et les analystes financiers s'inquiètent par ailleurs de vous voir vous éloigner de votre cœur de métier. Tout cela, alors que dans les imprimantes haut de gamme laser, la concurrence fait rage et que chaque euro doit être consacré à maintenir vos parts de marché, comme ne manque pas de vous le rappeler régulièrement le responsable de cette activité.

Vous constatez également que certains de vos partenaires ne sont pas intéressés non plus. Ainsi, la société à laquelle vous sous-traitez l'installation et la configuration chez le client de vos grosses imprimantes n'a plus de raison d'être. Elle n'a donc aucun intérêt à ce que vous commercialisiez une imprimante à jet d'encre qui ne requiert pas de service, et ne vous soutiendra donc pas dans cet effort.

En résumé, vous avez trois problèmes :

- la nouvelle offre n'a aucun intérêt pour vos clients actuels ;
- vous ne savez pas qui elle peut intéresser ou si vous le savez, vous n'êtes pas en mesure de servir ce segment, entièrement nouveau pour vous ;
- la nouvelle offre n'a aucun intérêt pour votre organisation ni pour votre réseau de valeur.

Vous concluez donc que cette nouvelle offre n'a pas d'intérêt et la rejetez. En fait, plus exactement, compte tenu de votre modèle d'affaires, vous ne savez pas comment tirer parti de l'opportunité. Celle-ci n'est pas attractive pour vous.

Au travers de cet exemple, on voit comment l'acteur en place rejette volontairement, et rationnellement, l'innovation de rupture.

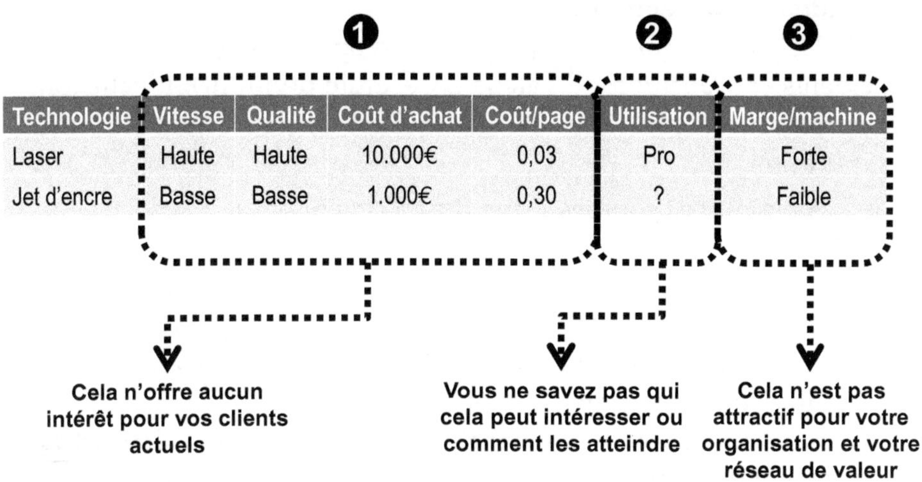

Figure 4.2 Trois raisons pour lesquelles une innovation de rupture n'est pas attractive pour un acteur en place

L'attractivité d'une opportunité est relative : ressources, processus et valeurs

Comment les ressources, processus et valeurs déterminent l'attractivité d'une opportunité

Au travers de l'exemple précédent, nous avons vu que ce qui détermine l'attractivité d'une opportunité est le modèle d'affaires. Mais qu'est-ce qu'un modèle d'affaires ? C'est la logique qu'utilise une entreprise pour créer de la valeur. Selon Christensen, un modèle d'affaires comprend trois composantes :

- la proposition de valeur (ce que l'entreprise offre au client et qui justifie le choix de ce dernier) ;
- la formule de profit (ce qui fait que l'entreprise gagne de l'argent par cette proposition de valeur) ;
- la structure de l'entreprise au travers de ses ressources, processus et valeurs (RPV). C'est ce que l'entreprise mobilise pour délivrer sa proposition de valeur avec profit[1].

Un modèle d'affaires est donc bien plus qu'une structure tarifaire : au travers des ressources, processus et valeurs, c'est le reflet de l'identité de l'entreprise.

Si les deux premiers composants du modèle d'affaires sont assez évidents (proposition de valeur et formule de profit), l'inclusion des ressources, processus et valeurs l'est moins et nécessite une explication.

- Les ressources sont les actifs dont l'organisation a besoin pour délivrer sa proposition de valeur. Cela comprend les usines, les stocks de matières premières, les brevets, et bien sûr, les ressources humaines. L'avantage concurrentiel se rapporte souvent aux choses uniques qu'une entreprise peut faire avec ses ressources dans un contexte donné.
- Les processus sont les modalités établies de travail par lesquelles l'organisation transforme des actifs d'entrée en actifs de sortie, services, produits ou actifs de plus grande valeur. Les processus

1. Christensen et Raynor, *The Innovator's Solution*, *op. cit.*

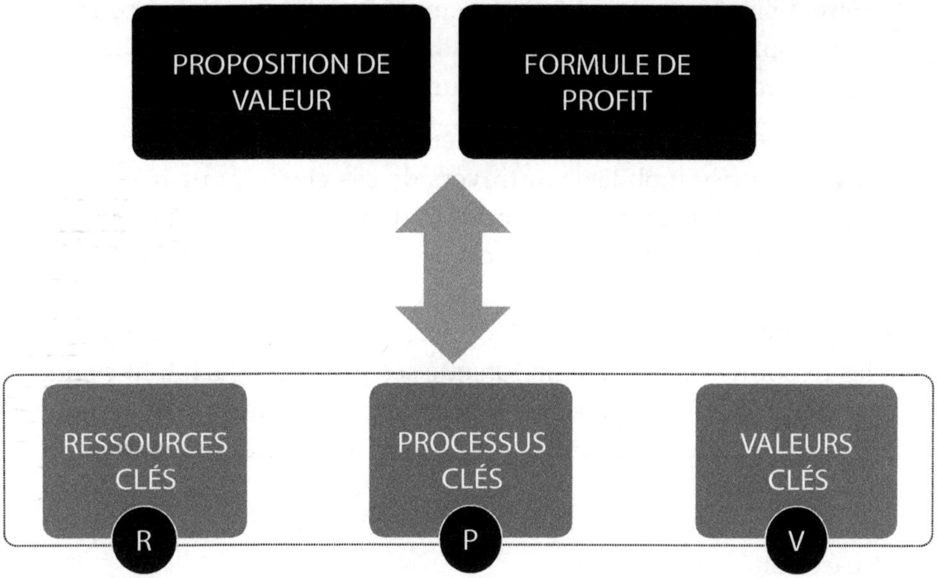

Figure 4.3 Modèle d'affaires (adapté de C. Christensen et M. Johnson)

couvrent l'ensemble de la chaîne de valeur et traduisent le savoir-faire de l'entreprise et définissent comment elle délivre sa proposition de valeur.

- Les valeurs sont des principes auxquels doivent se conformer les manières d'être et d'agir, ces principes étant ceux qu'une personne ou qu'une collectivité reconnaît comme idéales. Elles sont appelées à orienter les actions des individus[2]. Les valeurs déterminent les critères sur lesquels l'organisation détermine ses choix de fonctionnement, et notamment l'allocation de ses ressources. Ces valeurs peuvent être explicites (comme la recherche de la marge ou du chiffre d'affaires) ou implicites (comme l'orientation client, la poursuite de la performance technique ou le respect de la hiérarchie). Plus spécifiquement, les valeurs définissent comment sont déterminées les priorités de l'organisation dans sa vie de tous les jours de façon à ce que la proposition de valeur puisse

2. https://fr.wikipedia.org/wiki/Valeurs_(sociologie).

être délivrée avec profit. Par exemple, un commercial se concentrera sur un client qui paie plus rapidement ou au contraire sur un autre qui permet une meilleure marge.

Les ressources, processus et valeurs (RPV) représentent donc ce que l'entreprise mobilise, au travers de ses choix, pour réaliser sa proposition de valeur sous condition de profit. Dans l'exemple de l'imprimante, la force de vente est une ressource et la recherche de forte marge une valeur.

Une entreprise exploite une opportunité avec succès lorsqu'elle a les ressources pour réussir, lorsque ses processus facilitent ce qui a besoin d'être accompli et que ses valeurs lui permettent de donner la priorité à cette opportunité par rapport aux autres demandes qui sont en concurrence pour les ressources disponibles. Si ces conditions ne sont pas remplies, l'opportunité n'est pas attractive et ne peut être exploitée avec succès.

On comprend dès lors mieux pourquoi les entreprises existantes sont particulièrement aptes à l'innovation continue : leurs valeurs les favorisent et leurs processus et leurs ressources sont précisément conçus et optimisés pour exploiter ce type d'innovation. En revanche, elles ont tendance à échouer dans l'innovation de rupture, définie comme une opportunité nécessitant un modèle d'affaires différent, parce que leurs valeurs ne leur permettent pas de sélectionner une telle opportunité en priorité et que leurs processus et leurs valeurs ne leur permettent pas de faire ce qui est nécessaire pour la réussir. Elles éprouvent une grande difficulté à créer de nouveaux modèles d'affaires, car ceux-ci sont incohérents avec leurs RPV actuels. Au contraire, elles tentent souvent d'exploiter une opportunité de rupture avec leurs RPV existants.

Ressources, processus et valeurs : de facteur à contrainte

Lors de la création de l'entreprise, les RPV sont définis à partir d'une feuille blanche. Les fondateurs ont une grande liberté (mais aussi beaucoup de contraintes) pour les choisir, et ce choix est guidé par la proposition de valeur recherchée et la formule de profit. L'entreprise détermine comment répondre le mieux possible à l'opportunité visée. Si elle réussit, elle aboutit à des RPV optimaux pour cette opportunité. L'adéquation entre ses RPV, sa proposition de valeur et l'opportunité considérée est même la condition de son succès. Tout son travail va consister à améliorer sans cesse cette adéquation pour améliorer sa performance. Ce travail d'optimisation est le domaine de l'innovation continue.

Au cours du temps, les RPV d'une entreprise tendent à se figer, il devient plus difficile de les faire évoluer fondamentalement. Cela s'explique d'une part par la croissance de l'entreprise, qui devient plus grosse et donc plus difficile à changer, mais aussi par le succès même des RPV mis en œuvre. Plus l'adéquation évoquée ci-dessus est réussie, plus l'entreprise est performante, et moins elle ressent la nécessité de remettre ces RPV en question. Tant que l'environnement ne change pas, c'est la recette de son succès. Mais s'il change, la réticence à remettre les RPV en question pose problème.

Le problème est d'autant plus aigu que si au début, c'est l'opportunité qui détermine le choix des RPV, la relation tend ensuite à s'inverser : les RPV définissent les propositions de valeur possibles et surtout celles qui peuvent être profitables. En définissant ce que l'entreprise peut faire avec succès, ils définissent également ce qu'elle ne peut pas faire pour la simple raison qu'elle ne peut pas tout faire de façon efficace. Les RPV d'une entreprise déterminent donc les opportunités qu'elle va trouver attractives et celles qu'elle ne va pas trouver attractives. En situation de rupture, une opportunité pourra donc être attractive pour une entreprise A et non attractive pour une entreprise B. Il y a donc une asymétrie fondamentale de motivation entre différents acteurs pour une opportunité donnée. C'est ce qu'a vécu Louis Schweitzer, à l'époque PDG de Renault, lorsqu'il a essayé de pousser le projet Logan : « Je me suis rendu compte que cet objet que je proposais n'intéressait pas, parce qu'il allait à rebours de la ligne de progrès continu, du "toujours plus". De surcroît, les économistes et les gens qui faisaient les calculs chez Renault démontraient sans difficulté qu'il n'y avait rien à gagner avec un tel projet[3]. »

---

3. Bernard Jullien, Yannick Lung et Christophe Midler, *L'épopée LOGAN. Nouvelles trajectoires pour l'innovation*, Paris: Dunod, 2012, p. 13.

C'est également ce qui explique que plus de quarante ans après son émergence, les compagnies aériennes trouvent toujours le low-cost aberrant alors que Southwest Airlines continue de se développer de manière rentable, que les fabricants automobiles américains ont délaissé le bas de gamme avec soulagement dans les années 1960, alors que les Japonais s'y précipitaient, ou que les producteurs de tabac ont ignoré la cigarette électronique. On peut avancer que le meilleur moyen d'identifier une rupture dans un environnement est d'identifier une opportunité qui attire les nouveaux entrants et répugne aux acteurs en place.

Dans l'exemple de l'imprimante évoqué plus haut, l'entreprise est construite sur un modèle à forte marge, avec une structure de coûts élevés. Le lancement d'une imprimante « low-cost » à jet d'encre n'est tout simplement pas attractif pour elle. Elle ne voit pas l'intérêt, et surtout pas comment gagner de l'argent avec un tel produit, car son modèle d'affaires ne le permet pas. Par conséquent, elle conclut que le jet d'encre n'est pas attractif en soi, alors qu'il faudrait plutôt conclure qu'il n'est pas attractif pour elle compte tenu de ses RPV. C'est ce qui est arrivé à Kodak : du point de vue de ses RPV, le marché du numérique n'était pas attractif et l'entreprise a continué à orienter ses ressources vers l'argentique jusque très tard.

L'avantage des start-up

L'observation selon laquelle l'attractivité d'une opportunité est déterminée par les RPV d'une entreprise explique pourquoi les start-up disposent de deux avantages particuliers face aux acteurs en place : l'asymétrie de motivation et l'absence d'historique.

Le premier avantage d'une start-up est qu'elle sera plus facilement motivée par les opportunités liées aux ruptures que les grandes entreprises pour une raison simple : ces opportunités correspondent initialement à des marchés de toute petite taille.

Plus une entreprise est grande, en effet, plus la taille des marchés qu'elle doit développer est importante. Imaginons qu'une grande entreprise se fixe comme objectif une croissance de 10 %. Elle cherche donc à identifier un marché nouveau dont elle pourrait prendre, par exemple, une part de 20 %. Si l'entreprise fait 1 million d'euros de chiffre d'affaires, elle doit augmenter son chiffre d'affaires de 100 000 euros, c'est-à-dire trouver un marché dont la taille est de 500 000 euros. Si elle fait 100 millions d'euros de chiffre d'affaires, elle doit augmenter son chiffre d'affaires de 10 millions d'euros, c'est-à-dire trouver un marché dont la taille est de 50 millions d'euros. Si elle fait 10 milliards de chiffre d'affaires, elle doit augmenter son chiffre d'affaires de 1 milliard d'euros, c'est-à-dire trouver un marché dont la taille est de 5 milliards d'euros. Plus une entreprise grandit, plus la taille des marchés qui la motivent croît. Les petits marchés ne l'intéressent pas car, étant donné ses ressources (structure de coûts) et ses valeurs (objectifs de croissance pour satisfaire ses actionnaires), ils ne peuvent satisfaire ses besoins de croissance. C'est problématique, car toutes les ruptures correspondent au début à un tout petit marché, et celui-ci le reste parfois longtemps.

Une start-up, en revanche, est par définition toute petite au début. Imaginons qu'elle fasse 50 000 euros de chiffre d'affaires et que son objectif soit de le doubler. Si on reste sur l'hypothèse d'une part de marché gagnée de 20 %, elle doit donc trouver un nouveau marché de seulement 250 000 euros. De tels marchés, il en existe beaucoup. Elle sera donc motivée par des marchés de petite taille, et donc par les opportunités liées aux ruptures. On voit donc bien le fonctionnement de l'asymétrie de motivation.

Le second avantage d'une start-up est lié à son absence d'historique : venant d'être créée, elle n'a par définition pas encore vraiment de RPV, le choix est donc plus facile pour elle (même si elle a naturellement des contraintes). Pour un acteur en place, c'est beaucoup plus compliqué, car il y a un historique : leurs ressources, processus et valeurs ne sont pas adaptés à ce qu'il est nécessaire de posséder pour réussir sur le nouveau marché. Il faudrait soit qu'ils les modifient, mais c'est très difficile, car cela compromet l'activité actuelle, soit qu'ils en recréent d'autres dans une unité séparée, ce qui revient à créer une start-up interne.

L'avantage d'une start-up en situation de rupture n'est donc ni sa petite taille ni sa supposée agilité, contrairement à ce que l'on entend souvent ; ce qui fait sa force, c'est sa nouveauté, le fait qu'elle soit relativement libre de déterminer ses RPV pour qu'ils soient conformes à l'opportunité considérée[4].

On peut ajouter, dans le même ordre d'idées, que la possession de ressources rares et uniques, présentée par la pensée stratégique classique comme une condition de l'établissement d'un avantage concurrentiel durable, peut se retourner contre l'acteur en place, tout simplement parce que ces ressources peuvent perdre toute leur valeur en raison de la rupture. L'excellence des tubes à vide de GE dans les années 1950 ne sert plus à grand-chose à l'ère du transistor. À l'extrême, l'entreprise se retrouve prisonnière de la vision qu'elle a de la valeur de ses ressources. Comme l'observe Frédéric Fréry, « si vous êtes convaincu que votre entreprise possède des ressources et un cœur de métier uniques, vous aurez très probablement tendance à les défendre et à en tirer parti – et à hésiter à mettre en œuvre toute innovation de rupture qui pourrait compromettre votre engagement stratégique[5] ». D'ailleurs, les disrupteurs emploient généralement des ressources totalement différentes des acteurs en place. Dans la pharmacie, Pfizer et Sanofi s'appuient toutes deux sur la force de leur R&D, tandis qu'Accor et Hilton s'affrontent sur la base de leur parc hôtelier. En revanche, Airbnb disrupte le monde de l'hôtellerie sans posséder le moindre hôtel. Sa ressource clé est sa plateforme et sa communauté d'utilisateurs, ce qui rend très difficile pour Accor, par exemple, de réagir à son développement.

On voit donc pourquoi, en situation de rupture, ce n'est pas l'acteur en place, ni nécessairement le nouvel entrant (ou l'attaquant, pour reprendre un vocabulaire guerrier courant) qui a nécessairement l'avantage, mais plutôt la start-up.

---

4. La force de la start-up est également que des dizaines d'entre elles vont expérimenter des combinaisons multiples de RPV, permettant au final à quelques-unes d'émerger, tandis que l'entreprise en place n'a pas la possibilité de faire cette expérimentation massive. Elle est donc structurellement désavantagée.
5. Frédéric Fréry, Xavier Lecoq et Vanessa Warnier, « Competing with ordinary resources », *MIT Sloan Management Review*, 2015.

La réaction de l'acteur en place à l'innovation de rupture

Face à une rupture, on observe trois réactions possibles de l'acteur en place : soit il ignore la rupture et se fait prendre par surprise par son développement, soit il en est conscient mais la rejette et ignore volontairement les non-consommateurs, soit il adopte l'innovation de rupture mais essaie de la forcer pour la mettre au service de son modèle actuel.

Ignorer la rupture

Il arrive parfois qu'un acteur en place ignore totalement une rupture de son environnement : en 1971, NCR, fabricant de caisses enregistreuses mécaniques, lance un nouveau produit qui connaît un échec complet. La raison en est simple : l'invention du transistor et la révolution électronique en plein essor ont permis l'introduction de caisses enregistreuses électroniques qui, en quelques années, ont conquis la totalité du marché[6]. C'est l'un des cas où la nouvelle technologie remplace l'ancienne totalement parce qu'elle n'a que des avantages : elle est moins chère, plus fiable, plus légère, ne nécessite aucun apprentissage particulier. Ces avantages sont tellement évidents que le basculement de l'ancienne à la nouvelle technologie se fait en quelques années seulement. NCR n'a rien vu venir, et ses ventes se sont effondrées.

La plupart du temps toutefois, le leader est conscient de la rupture, et la difficulté réside en la réponse qu'il lui donne.

Rejeter la rupture

Au début, comme l'innovation est adoptée par des non-consommateurs, son développement n'a aucun impact pour l'acteur en place. Celui-ci n'y voit aucun inconvénient, car elle ne lui prend pas ses clients, ou ceux qu'elle lui prend ne l'intéressent pas (dans le cas de la téléphonie internet, des étudiants internationaux sans le sou !). Il

6. Richard N. Foster, *Innovation: The Attacker's Advantage*, London: Summit Books, 1986.

laisse donc faire sans crainte les nouveaux entrants qui s'adressent à ces « clients », en leur souhaitant bonne chance. C'est ainsi que les architectes sont longtemps restés réticents à l'utilisation du béton, les informaticiens à l'interface graphique, que Harley Davidson n'a pas cru aux chances de Honda lors de son implantation aux États-Unis dans les années 1950 et que Nokia a considéré que l'iPhone était un jouet et ne s'est pas inquiété de son lancement.[7]

Mais au cours du temps, l'innovation progresse sur les autres critères de performance. La voix sur Internet s'améliore et la qualité de conversation devient peu à peu aussi bonne que sur les réseaux classiques. Lorsque l'acteur réagit enfin, il est souvent trop tard : la rupture, qui a pris son origine dans un réseau de valeur différent du sien, et a donc progressé sans douleur pour lui en séduisant des utilisateurs qui n'était pas ses clients, envahit peu à peu son réseau de valeur et mine son activité.

On le voit, la difficulté dans la réaction à une rupture est que les préceptes de bonne gestion qui nous semblent évidents, comme celui de nous consacrer à la satisfaction de nos clients, sont aussi ceux qui nous conduisent à ignorer une innovation de rupture dans notre environnement et à en subir les conséquences, parfois mortelles pour notre organisation. L'échec face à l'innovation de rupture ne résulte donc pas d'une inattention à l'évolution de l'environnement et aux demandes de nos clients, mais au contraire d'une trop grande concentration sur ces demandes. Dit autrement, l'entreprise meurt d'une trop grande orientation client.

Forcer la rupture dans son modèle actuel

Une troisième réaction possible, qui vient assez souvent à la suite de celle évoquée ci-dessus, consiste à adopter l'innovation de rupture mais à l'utiliser pour renforcer son modèle d'affaires existant plutôt

7. Un autre exemple, qui peut sembler anecdotique, mais qui est révélateur est la prévalence jusque très récemment de l'utilisation du BlackBerry chez les grands dirigeants tandis que le reste du monde utilisait des smartphones Apple ou Android. Les BlackBerry étaient fournis par le service informatique, en grande partie en raison de la sécurité qu'ils offraient en termes de communication. La sécurité était gagnée aux dépens de la capacité des dirigeants à comprendre le nouveau monde des smartphones, totalement étranger à leur réseau de valeur.

que d'en créer un nouveau, un phénomène qualifié de bourrage (*cramming*) organisationnel.

Le cas le plus emblématique est encore une fois celui de Kodak. Confronté au développement de la photo numérique, dont il n'ignore rien puisqu'il en est l'inventeur, Kodak sort en 1996 une petite merveille de technologie, le système APS (Advanced Photo System). C'est un appareil numérique qui permet de prévisualiser la photo prise, mais tout numérique qu'il soit, il reste basé sur un film qu'il faut faire développer. Il s'agit donc de prendre des photos numériques... sur un film.

Qu'est-ce qui explique un produit aussi stupide au premier abord ? Fondamentalement, le modèle d'affaires de Kodak et, derrière lui, l'identité de l'entreprise. Le modèle de Kodak en 1996, c'est de vendre du consommable, à savoir des rouleaux de films sur lesquels il obtient une marge très élevée. Toute l'entreprise s'est construite autour de ce modèle depuis sa création (en commençant à vendre des plaques, ancêtres des films). Elle ne peut concevoir d'autre modèle.

Assez logiquement Kodak, qui n'ignore rien du développement du numérique, va donc imaginer comment celui-ci peut renforcer son modèle. Outre l'APS, qui fera un flop et coûtera 500 millions de dollars partis en fumée, l'entreprise investira énormément sur l'impression papier. Le raisonnement est le suivant : les gens vont prendre plein de photos numériques, et ils voudront nécessairement finir par les imprimer. Car une photo, c'est forcément imprimé, n'est-ce pas ? Mais Kodak ne fait que regarder le monde par le prisme de son identité. Les gens impriment de moins en moins leurs photos, ils les regardent sur des écrans qui envahissent leur vie : PC d'abord, puis téléphones et aujourd'hui tablettes. Rien à faire, la nouvelle technologie se refuse à sauver l'ancien modèle d'affaires. Quand Kodak admet enfin que le film est sans avenir, en 2003, il est trop tard.

Aujourd'hui encore, le bourrage reste la réponse la plus spontanée d'acteurs peu au fait des théories sur l'innovation de rupture. Les acteurs de l'enseignement supérieur réagissent ainsi au développement des cours en ligne en intégrant le numérique à leurs salles de cours, en complément. On ne change pas le modèle d'affaires, rassembler des étudiants dans une salle le même jour à la même heure, mais on ajoute un petit film avant et après. On est bien dans la continuité du modèle d'affaires que l'on essaie, souvent avec succès, d'améliorer selon le critère de performance dominant. Il en va souvent de même pour le « digital », très en vogue actuellement : on fait la même chose, mais en numérique et connecté à Facebook. Les banques classiques ont également adopté Internet initialement en conformité avec leur modèle dominant, offrant simplement à leurs utilisateurs la possibilité de consulter leurs comptes en ligne et de conduire diverses opérations, mais en maintenant leur modèle principal basé sur l'agence.

Une difficulté liée à la réaction de bourrage est que l'acteur en place met la barre trop haut pour la nouvelle technologie (en l'occurrence au niveau de la technologie actuelle). Tant qu'elle n'est pas capable d'atteindre le niveau de performance de la technologie actuelle, l'acteur en place aura tendance à la négliger ou, au contraire, à investir des montants importants pour l'améliorer en retardant sa mise sur le marché. Ce faisant, il s'interdit d'en tirer parti, alors que les nouveaux entrants, eux, sont capables de trouver des applications où non seulement ses faiblesses sur le critère dominant n'ont pas d'importance, mais où ses forces sur d'autres critères seront de véritables atouts.

Par exemple, lorsque le transistor a été inventé, il n'était pas assez puissant pour être utilisé dans des postes de radio et de télévision. Les fabricants ont dépensé des fortunes pour l'améliorer, sans sortir de produit pendant ce temps. Par ailleurs, la petite taille et la faible consommation du transistor ne leur étaient d'aucun intérêt (ils fabriquaient des postes de salon), d'autant qu'il ne permettait qu'une qualité audio assez moyenne. Ce que les fabricants voulaient, c'était juste remplacer les tubes par des transistors, pour faire la même chose, en mieux. La première application commercialement réussie du transistor a en fait été pour les appareils auditifs, et on comprend pourquoi : voilà un domaine où la petite taille et la faible consommation sont primordiales. La qualité du son n'est pas bonne ? Certes, mais pour les déficients auditifs, à l'époque, c'était cela ou rien : l'appareil était en concurrence avec la non-consommation, et donc sa qualité était nécessairement suffisante.

Ensuite, en 1959, Sony introduit un poste radio portable à transistor. Voilà encore un domaine où petite taille et faible consommation sont primordiales. Ce poste rencontre un succès immédiat auprès des adolescents. Pour la première fois, ils sont capables d'écouter la musique qu'ils aiment avec leurs copains, loin de leurs parents. Là encore, la qualité médiocre du son n'est pas un obstacle : c'est cela, où retourner écouter la musique de papa sur le poste à tubes dans le salon familial. Pour un mélomane habitué à la haute qualité du tube à vide, le poste à transistor est une régression ; pour un adolescent, c'est une révolution[8].

En somme, et c'est une conséquence logique de l'orientation client qui paraît si naturelle, l'erreur consiste à raisonner à partir de son marché, et de son réseau de valeur, en se demandant comment l'innovation de rupture pourrait servir ce marché et ce réseau, et plus généralement son modèle d'affaires, au lieu de raisonner à partir de l'innovation elle-même en se demandant quel nouveau marché et quel nouveau réseau de valeur elle pourrait permettre de construire, et donc avec quel nouveau modèle d'affaires elle pourrait le faire.

L'importance de l'identité en situation de rupture

Nous avons vu qu'au travers de ses ressources, processus et valeurs, l'identité d'une organisation revêt une très grande importance stratégique car elle permet de comprendre les échecs en situation de rupture. Cela nous a permis de montrer le caractère relatif d'une rupture : ce qui est une rupture pour un acteur A ne l'est pas forcément pour un acteur B. De même, ce qui est attractif pour A ne l'est pas forcément pour B. Enfin, nous avons vu également avec la notion de bourrage que cette identité amenait souvent l'acteur en place à forcer l'innovation de rupture au sein de son modèle d'affaires existant plutôt que de faire l'inverse : inventer un modèle qui corresponde à la nature de la rupture. Mais l'identité joue également un rôle crucial, même si l'entreprise a reconnu la nécessité de réagir à la rupture en évitant le bourrage. Regardons comment en revenant une nouvelle fois sur le cas de Kodak.

8. Source : *Innovator's dilemma, op. cit.*

Kodak s'est défini historiquement à partir de la fabrication de films souples argentiques, qu'il a inventés en 1885. Jusqu'en 1994, tous les dirigeants de l'entreprise viennent de cette activité. Pendant longtemps, Kodak a bien sûr fabriqué des appareils photo, à commencer par le fameux Brownie, véritable révolution au début du 20e siècle. Mais assez rapidement, cette activité moins rentable a été considérée comme secondaire au sein de l'entreprise à tel point que lorsque les difficultés commenceront dans les années 1990, les premiers licenciements toucheront en priorité l'usine d'appareils à Elmgrove, que ses ouvriers rebaptiseront « Elmgrave[9] » pour l'occasion[10]. L'identité du film est si forte que, lorsqu'en 1975 Steven Sasson vient lui présenter l'appareil numérique qu'il vient d'inventer, la première réaction de la direction de Kodak sera de lui répondre : « C'est mignon, mais n'en parlez à personne. » De la photographie sans film, chez Kodak ! L'idée est presque sacrilège, en tout cas elle révulse ses dirigeants.

On le voit, l'identité d'une organisation n'est pas qu'un concept abstrait, une série de logos et de slogans sur des brochures et le site web. Au contraire, et en particulier si l'entreprise est ancienne et glorieuse, l'identité est profondément ancrée chez ses employés et plus généralement au sein de son réseau de valeur. L'auteur de ces lignes a pu constater à plusieurs reprises son caractère très concret, et surtout sa dimension émotionnelle. Ainsi, lors d'un séminaire pour une grande compagnie aérienne européenne, la seule évocation d'EasyJet, concurrent low-cost, a déclenché une discussion très intense avec les participants qui n'est pas sans rappeler la façon dont les chauffeurs de taxi parlent d'Uber aujourd'hui. Dans un autre contexte, mon collègue Milo Jones et moi-même avons montré que l'identité de la CIA induisait des valeurs qui influaient directement la prise de décision et expliquait comment l'agence américaine de renseignement était régulièrement victime de surprises stratégiques, incapable de saisir des changements profonds dans son environnement ou d'anticiper des attaques ennemies[11]. En bref, les éléments

9. *Grave* signifie tombe en anglais.
10. Alecia Swasy, *Changing Focus: Kodak and the Battle to Save a Great American Company*, Ramdom House, 1997.
11. Milo Jones et Philippe Silberzahn, *Constructing Cassandra: Reframing Intelligence Failure at the Central Intelligence Agency, 1947-2001*, Stanford University Press, 2013.

constitutifs de l'identité d'une organisation ont un véritable impact sur ses réactions à son environnement, et en particulier sur la façon dont elle va concevoir un changement comme une menace ou comme une opportunité.

Mais l'identité va également conditionner la façon dont l'acteur en place va réagir à la rupture, même si celui-ci a bien analysé la situation et compris qu'il fallait éviter le bourrage en organisant une réponse spécifique. Dans le cas de Kodak, posons-nous la question suivante : face à la révolution numérique dans la photo qui ne requiert plus de film, que doit faire Kodak ? La réponse semble être évidente pour tout le monde : basculer vers la photo numérique. Et pourtant, ce n'est pas la seule réponse possible ; on le voit si l'on se tourne vers son concurrent de l'époque, Fuji.

Fuji a-t-il, de son côté, réussi sa transition hors de l'argentique ? Sans aucun doute : l'entreprise est non seulement toujours en vie, et se porte même très bien. Sa réponse a toutefois été radicalement différente de celle de Kodak. En fait, Fuji n'a jamais essayé d'aller vers la photo numérique : l'entreprise japonaise n'a pas produit d'appareil photo numérique ou d'imprimante, ni créé de site web où les utilisateurs pouvaient télécharger leurs photos pour les faire imprimer. En fait Fuji, qui a très tôt admis que l'argentique était condamné, a conclu que si la photo n'avait plus besoin de chimistes, eh bien la photo n'avait plus besoin de Fuji dont le cœur de métier était la chimie. L'entreprise a donc défini la problématique en termes de compétences métier : qui sommes-nous ? Des chimistes. La photo a-t-elle désormais besoin de chimistes ? Non. Donc elle n'a plus besoin de nous, donc abandonnons la photo. Une fois ce constat fait, Fuji a trouvé de nouvelles applications à ses compétences chimiques et est progressivement sorti de la photo argentique.

L'identité d'une organisation se définit comme l'ensemble des caractéristiques que ses membres considèrent comme centrales et durables et qui déterminent comment ceux-ci définissent et s'associent à l'organisation. Dans le cas de Kodak, on retrouve en particulier l'importance de la culture industrielle (fabrication de films, surtout, mais aussi fabrication d'appareils photo, laboratoires de développement de films), les compétences en matière de chimie, et surtout la définition historique de l'objet de l'entreprise autour de la photographie.

L'exemple de Fuji montre que la réaction de Kodak face à la révolution numérique n'était pas obligatoirement à penser en termes de photographie. Fuji a défini son identité à partir de ses compétences (la chimie), tandis que Kodak l'a fait à partir de son domaine d'activité (la photographie). Ce faisant, Kodak s'est interdit de se demander si tout miser sur le numérique était la bonne approche, et il lui a semblé évident de se séparer, en 1994, de sa filiale chimique, Eastman Chemical. Cette dernière, libérée de l'immobilisme de Kodak, se développera rapidement et connaîtra une très bonne performance. À la lumière de ce qui précède, la décision de Kodak en 1994 de recruter George Fischer comme nouveau PDG parce que, venant de Motorola, il maîtrisait de monde numérique, n'apparaît pas aussi judicieuse. Et pourtant, elle est à l'époque saluée par tous, Wall Street en premier qui fait bondir le titre. Enfin un PDG capable de faire entrer Kodak à marche forcée dans la photo numérique ! Définissant son identité à partir de la photo, Kodak ne se pose même pas la question d'en sortir.

On peut pourtant imaginer Kodak, en 1994, adoptant une stratégie totalement différente et décidant comme Fuji que la photographie ne nécessitant plus de chimie, il lui faudra abandonner progressivement ce secteur en en gérant le déclin et en misant tout sur Eastman Chemical.

La force de l'identité est également révélée par le fait que, même lorsque Kodak aura admis l'inéluctable déclin de l'argentique, il introduira le fameux Advantix, un appareil numérique... utilisant un film. Comme souvent, l'entreprise faisant face à une rupture tente de forcer celle-ci pour qu'elle corresponde à son identité, plutôt qu'adapter l'identité à la rupture. Toujours convaincu par son histoire qu'une photo, c'est fait pour être imprimé, Kodak investira également énormément dans les imprimantes et les stands photo, sans grand résultat : aujourd'hui, très peu de photos sont imprimées, elles sont en majorité conservées et visionnées sous format numérique. Enfermé dans son identité d'imprimeur de photos, Kodak n'a pas pu admettre un tel bouleversement.

L'échec de Kodak n'était certainement pas inéluctable. Mais il est intéressant de voir comment l'identité d'une organisation permet d'ouvrir, ou au contraire de fermer, des options stratégiques sans même vraiment qu'elle s'en rende compte. La conscience de son identité est donc cruciale pour une organisation, particulièrement en situation de rupture.

Résumé du chapitre

L'attractivité d'une opportunité est une notion relative. Ce sont les ressources, processus et valeurs (RPV) d'une entreprise qui déterminent si une opportunité est attractive ou pas. Une opportunité sera attractive pour une entreprise si les RPV qui sont nécessaires à son exploitation sont similaires à ceux qu'elle déploie actuellement. S'ils sont différents, l'opportunité ne pourra pas être attractive pour l'entreprise. Or une rupture, qui correspond à une nouvelle typologie d'offre basée sur des critères de performance nouveaux, appelle nécessairement des RPV différents. Cette différence de RPV explique pourquoi l'acteur en place ne trouve généralement pas la rupture attractive. Sa réaction sera plutôt d'essayer de conformer l'innovation à son RPV existant (bourrage), ce qui ne peut réussir. Elle explique également l'avantage des start-up : puisqu'elles sont nouvelles, elles ne disposent pas de RPV et le conflit n'existe donc pas. Au final, l'identité d'une organisation, reflet de ses RPV, détermine la réponse de cette dernière à une rupture de son environnement.

5

La rupture par le bas : le low-cost

Pourquoi les acteurs en place abandonnent-ils progressivement l'entrée de gamme et permettent-ils l'entrée de nouveaux acteurs ? Quels sont les mécanismes du développement du low-cost et pourquoi celui-ci est-il bien plus qu'une simple baisse des prix ? Pourquoi le low-cost est-il disruptif ?

L'inexorable attirance vers le haut d'une orientation client : le sur-service

Une entreprise bien gérée est une entreprise au service de ses clients, et en particulier de ses clients les plus exigeants. Ceux-ci sont en effet les plus intéressants à tous égards. Ils ont un problème compliqué à régler, ou une tâche difficile à accomplir, et ont besoin de l'entreprise pour cela. Ils sont donc prêts à payer plus.

Pour eux, l'entreprise améliore son offre constamment. En quelque sorte, les clients les plus exigeants tirent celle-ci constamment vers le haut, vers une amélioration constante de son offre le long du critère de performance dominant. C'est par exemple le cas des fabricants automobiles qui ajoutent toujours plus de gadgets électroniques dans les voitures.

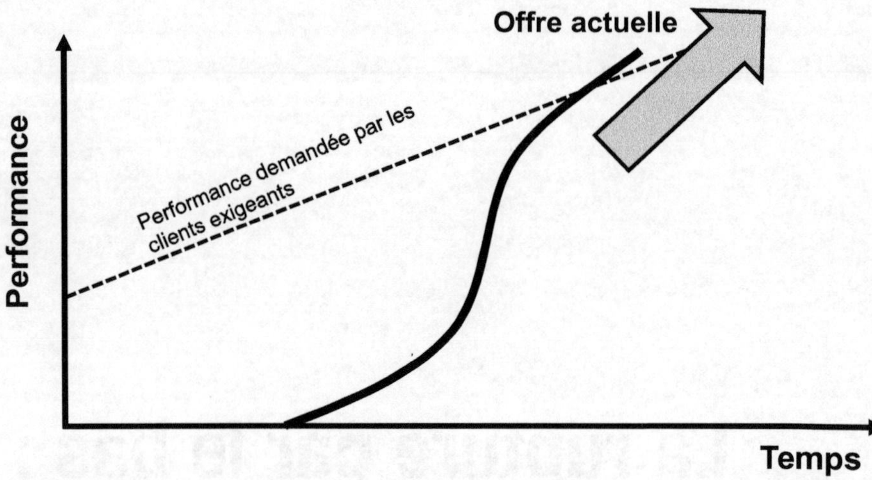

Figure 5.1 L'orientation client amène l'entreprise à servir ses clients les plus exigeants, qui ce faisant, la tirent vers un niveau de performance toujours plus élevé le long du critère dominant

Mais cette orientation vers les clients les plus exigeants a un revers : ce faisant, l'entreprise s'éloigne de ses autres clients, ceux dont les besoins se situent plus dans la moyenne et évoluent peu. Ces clients deviennent sur-servis : ils sont satisfaits par l'offre actuelle qui répond à leurs besoins et ne sont pas prêts à payer pour une offre améliorée. Au contraire, l'amélioration constante des performances de l'offre finit par dépasser de très loin leurs besoins et ils n'en voient plus l'utilité.

Considérant qu'une large part des performances de l'offre leur est inutile, ces clients ne les valorisent pas et se demandent légitimement pourquoi ils doivent payer pour l'ensemble.

L'attraction vers le haut a un corollaire : l'impossibilité de descendre. Nous avons vu comment le modèle d'affaires d'une entreprise lui rend certaines opportunités inattractives. Revenons sur ce point en reprenant notre exemple du fabricant d'imprimantes. On se rappelle qu'il offrait un modèle à 10 000 euros avec un coût d'impression de 3 centimes par page, et ne réussissait pas à être motivé par l'introduction d'un modèle basé sur une technologie jet d'encre offrant un prix d'achat très inférieur. Cet exemple met le doigt sur un phénomène beaucoup plus général de l'innovation qui est celui de la difficulté pour une entreprise de défendre des segments d'entrée de gamme avec succès.

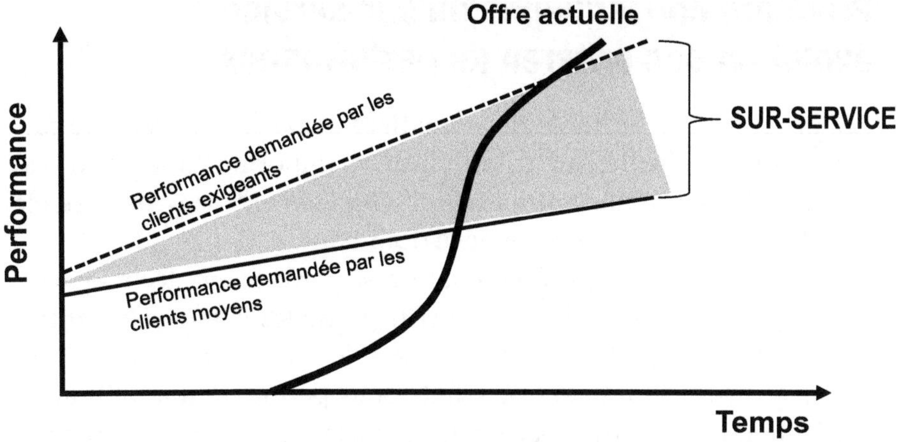

Figure 5.2 L'amélioration de l'offre pour satisfaire les clients les plus exigeants amène à un sur-service des clients moyens qui refusent de payer pour l'amélioration (adapté de C. Christensen)

La force de vente, structurée et motivée financièrement par la vente de produits haut de gamme, ne voit en effet aucun intérêt à vendre un produit d'entrée de gamme, non seulement parce qu'elle ne sait pas le vendre, mais aussi et surtout parce que les commissions seront naturellement beaucoup plus faibles sur un tel produit. Si l'on ajoute à cela la difficulté liée au fait que la technologie est une rupture et le marché correspondant totalement nouveau, et donc non prouvé, et il va être difficile pour l'entreprise d'être motivée. Un autre argument financier vient rendre le lancement encore moins motivant : lorsque l'entreprise monte en gamme, la marge augmente automatiquement, toutes choses égales par ailleurs : une même structure de coûts supporte des produits vendus plus chers. La montée en gamme est donc toujours attractive.

À l'inverse, lorsque l'entreprise descend en gamme, une même structure de coûts supporte des produits moins chers, ce qui signifie une marge unitaire plus faible. Bien sûr, le volume est censé compenser, mais celui-ci n'arrive pas immédiatement. La descente en gamme est donc toujours peu attractive, du moins au début.

Jointe au service des clients les plus exigeants, que nous avons évoqué plus haut, cette asymétrie explique pourquoi les entreprises ont tendance à monter en gamme en améliorant leur offre le long du critère dominant de performance.

Première conséquence du sur-service : évolution des critères de performance

Les progrès de la technologie en matière de performance, et le sur-service qui en résulte, ont une implication importante dans la dynamique du marché : ils entraînent un changement progressif sur le marché du critère de performance dominant.

Lorsque la technologie est immature, sa performance technique est encore insuffisante et c'est sur ce critère que les clients exigent des améliorations de performance. Par exemple, dans les années 1990, les PC étaient insuffisamment puissants pour permettre une utilisation confortable de Windows, et chaque nouvelle version du microprocesseur d'Intel était attendue avec impatience. Au bout d'un moment, les progrès de la technique font que la performance jusque-là insuffisante atteint un niveau suffisant pour satisfaire les besoins des utilisateurs moyens. Aujourd'hui, n'importe quel PC acheté dans un supermarché est suffisamment puissant pour effectuer toutes les tâches courantes de la plupart des utilisateurs. La performance technique devient suffisante, et toute performance supérieure n'est pas valorisée par les utilisateurs moyens. Poursuivre une trajectoire d'amélioration de performance devient risqué. C'est ce qui est arrivé au groupe pharmaceutique Eli Lilly avec l'introduction en 1982 d'Humulin, une insuline pure alors que l'insuline classique, d'origine animale, n'est pure qu'à 60 %. Son développement repose sur les progrès en génie génétique et a nécessité 1 milliard de dollars d'investissement. Elle ne rencontre toutefois qu'un succès limité car l'insuline classique est largement suffisante pour l'immense majorité des diabétiques ; 25 % plus chère, elle n'a aucun intérêt, sauf pour 1 % des patients qui ne supportent pas l'insuline d'origine animale. Eli Lilly a sur-servis ses clients[1].

En situation de sur-service, le critère de performance du marché évolue de la performance technique à la facilité d'utilisation. À performances techniques égales, deux produits seront comparés selon leur facilité d'utilisation. C'est la victoire de l'iPhone, techniquement inférieur au Nokia de l'époque lors de son lancement (il n'offrait pas la 3G), mais suffisant cependant, et beaucoup plus

---

1. Anthony et Johnson, *The Innovator's Guide to Growth, op. cit.*

facile d'emploi, ou de la Ford T dont on oublie qu'elle fut facile à conduire avant d'être peu onéreuse. Si elle avait été aussi difficile à conduire que les voitures de l'époque, elle n'aurait pas pu devenir aussi populaire. La facilité d'utilisation (au sens large) est donc une condition indispensable à la démocratisation de l'innovation. C'est la clé du succès d'Ikea notamment. Tandis qu'Eli Lilly investissait sans succès dans une insuline pure, son concurrent Novo Nordisk identifiait un critère de performance où les utilisateurs étaient sous-servis : la facilité d'utilisation. L'entreprise danoise a donc développé un stylo injecteur d'insuline, qui facilite considérablement l'injection pour les patients, et dont le succès a été considérable[2].

Enfin, lorsque la technologie devient suffisamment familière aux utilisateurs moyens, le critère de performance bascule une nouvelle fois, cette fois vers le prix. C'est l'ère de la banalisation et de la guerre des prix, qui permet la véritable diffusion de masse. C'est également la phase dans laquelle des offres low-cost sont introduites, car la technologie s'est également banalisée pour les producteurs.

Figure 5.3 L'évolution de l'importance des critères de performance au cours du temps

Naturellement, la connaissance de ce modèle d'évolution en phases d'un marché permet aux acteurs d'adapter leur stratégie : par exemple, la facilité d'utilisation est rarement un facteur primordial dans la phase initiale : dans les années 1970, les premiers acheteurs de PC devaient monter eux-mêmes leur machine.

2. *Ibid.*

Ces phases ne doivent cependant pas être conçues comme des étapes qu'il faut attendre passivement. La Ford T est un bon exemple d'un acteur qui force le passage d'un marché d'une phase à l'autre. Avant elle, une voiture était souvent construite spécifiquement pour son acheteur, elle était très chère et compliquée à conduire. Mais au début du 20e siècle, les technologies permettent de simplifier tout cela. C'est ce que fait Henry Ford, qui conçoit une voiture facile à fabriquer et facile à conduire et à entretenir. Cette facilité de fabrication lui permet en outre d'abaisser considérablement le prix, franchissant ainsi d'un coup non pas une, mais deux phases, facilité d'utilisation et prix. Le prix sera encore abaissé lorsqu'il développera la fabrication à la chaîne.

Seconde conséquence du sur-service : nouveaux entrants

Dès lors que l'acteur en place s'éloigne vers le haut et que les critères des clients qui deviennent ainsi sur-servis évoluent pour se focaliser sur la facilité, puis sur le prix, on comprend pourquoi un nouvel entrant, qui répond à ces critères avec une offre moins performante sur le critère dominant, a ses chances. La nouvelle offre cible les clients sur-servis. Dès que cette offre apparaît, elle les séduit et ils quittent alors l'ancienne offre. On a ainsi un mécanisme de rupture « par le bas » ou low-cost au sens où, il faut insister sur ce point, la nouvelle offre est inférieure à l'offre actuelle en termes de performance sur le critère dominant. C'est ce qui s'est passé avec les voitures japonaises aux États-Unis dans les années 1960, avec le low-cost aérien à partir des années 1970, les hôtels Formule 1 ou les hard-discounters comme Leader Price dans la distribution dans les années 1980, la console Wii en 2006, ou plus récemment avec Uber[3] dans les transports, Airbnb dans l'hébergement ou le Compte-Nickel dans la banque.

3. En théorie, Uber est une offre relativement low-cost par rapport aux taxis qui offrent la visibilité dans les rues, la simplicité de commande, et la garantie d'un service très normalisé. C'est particulièrement vrai pour UberPop où les chauffeurs sont des particuliers. Toutefois en France, la médiocrité du service offert par les taxis fait qu'Uber est une offre qualitativement équivalente, et souvent supérieure, aux taxis.

La constitution d'une offre low-cost ne consiste pas simplement en une baisse des prix. C'est ce que n'a pas compris Apple en 1991. Confronté à une baisse de ses parts de marché en raison d'une offre trop chère, le producteur du Macintosh a décidé l'introduction de nouveaux modèles à bas prix, au niveau des offres du monde PC. Il a cependant négligé le fait que sa structure de coûts était supérieure à ses concurrents, car il opérait avec un modèle d'affaires, et donc des RPV, totalement différents : alors qu'un fabricant de PC se contentait d'acheter la licence Windows à Microsoft, Apple développait son propre système et dépensait donc beaucoup plus en R&D. Le résultat ne s'est pas fait attendre et quelques mois après son lancement low-cost, Apple déclarait une perte historique. Les RPV d'Apple n'étaient pas compatibles avec l'opportunité low-cost.

Constituer une offre low-cost nécessite donc la création d'une proposition de valeur unique, centrée autour de l'élimination des fonctions superflues, celles précisément qui ne sont pas valorisées par le client, et la constitution d'une structure disposant de RPV spécifiquement adaptés à l'objectif. Cela nécessite de penser tous les aspects du modèle économique, ce qui peut s'avérer très complexe. C'est en cela que le low-cost est aussi de l'innovation[4].

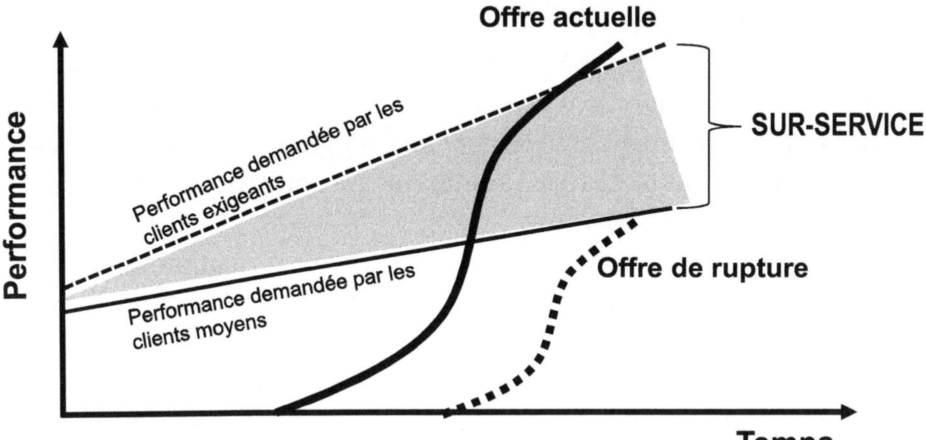

Figure 5.4 Le sur-service amène l'émergence d'une offre de rupture, moins performante, spécifiquement destinée aux clients sur-servis (adapté de C. Christensen)

4. Voir la section « Une rupture par le bas réussie : Unilever au Brésil » au chapitre 8.

Le plus intéressant dans ce phénomène est que bien souvent, l'acteur en place voit ainsi disparaître ces clients moyens avec soulagement : sa marge augmente avec leur départ. On retrouve bien l'asymétrie propre à une rupture qui veut que l'opportunité soit attractive pour les nouveaux entrants, qui construisent des RPV spécifiques pour cela, et inattractive pour les acteurs en place qui sont prisonniers de leurs RPV existants, inadaptés.

Remontée du nouvel entrant

La mécanique ne s'arrête cependant pas là : une fois installé dans son segment d'entrée de gamme, le nouveau concurrent est lui aussi soumis à l'attraction vers le haut[5]. Il est donc souvent amené à s'attaquer au segment immédiatement supérieur, et la logique se répète : le leader en place fait face à l'attaque venant du bas avec une base de coût supérieure, le combat est donc inégal. Au terme du processus, GM fabrique le 4 × 4 de luxe Hummer, sur lequel sa marge est énorme, tandis que Toyota lance sa gamme de voitures de luxe, la Lexus. Entre-temps, les Coréens ont investi les segments d'entrée de gamme sur lesquels les Japonais ont désormais du mal à lutter. Initialement moqués pour leur manque de style et leur qualité médiocre, ces mêmes Coréens commencent à gagner des prix de design, remontent les classements de qualité automobile, et s'attaquent hardiment et fièrement aux segments supérieurs, améliorant leur qualité et leur réputation. Et pendant ce temps, les Chinois affûtent leurs armes.

En conclusion, on voit là encore que l'entrée de gamme n'est pas un segment attractif ou inattractif en soi, mais que cette attractivité dépend du modèle d'affaires de l'entreprise. L'entrée de gamme ne pourra pas être ciblée sans un modèle adapté : il ne suffit pas de baisser ses prix pour faire de l'entrée de gamme. Les exemples de

5. C'est particulièrement vrai lorsque le dernier acteur du marché quitte le segment considéré pour remonter. En effet, le prix bas est forcément une notion relative, et il n'est bas que tant que subsiste un acteur traditionnel. Lorsque le dernier quitte le segment, tous les nouveaux entrants se retrouvent au même niveau et une guerre de prix s'ensuit, poussant ceux-ci à remonter vers le haut.

Renault avec Dacia ou d'Unilever avec la marque Ala au Brésil[6] montrent qu'il faut reconstruire intégralement un système RPV cohérent avec la proposition de valeur et la formule de profit pour que cela fonctionne.

Nespresso : victime d'une rupture par le bas

Le modèle économique de la machine à café Nespresso lancée par Nestlé repose principalement sur la vente de capsules sur lesquelles Nestlé est capable d'obtenir une marge très supérieure à celle qu'il obtient avec du café en paquets, qui est le cœur de son métier. Ce modèle est au fond le même que celui des fabricants d'imprimantes à jet d'encre : vous achetez l'imprimante pour un prix presque symbolique (une cinquantaine d'euros ou un peu plus) et le fabricant ne fait quasiment pas de marge dessus, mais vous payez les cartouches d'encre très cher et le fabricant obtient une marche très élevée. Ce système est avantageux pour ceux qui n'utilisent que peu leur imprimante. Dans ce cas, le coût relatif à la page très élevé importe moins que le coût absolu faible. Ce qu'il y a d'intéressant dans le cas de Nespresso, c'est que le produit (contrairement aux imprimantes à jet d'encre) a été positionné dans le haut de gamme, et que donc Nestlé réussit à vendre la machine elle-même relativement cher, faisant ainsi coup double.

Ce positionnement était un coup de maître qui a permis le décollage du produit et sa rentabilité exceptionnelle. Il a été renforcé avec le lancement du Club et les publicités centrées autour de George Clooney, acteur glamour.

Naturellement, le succès de Nespresso a rapidement attiré une foule de concurrents comme Senseo ou Tassimo. Toutefois malgré leur succès, et contrairement à ce que prédit Christensen, ces marques n'ont pas réussi à menacer réellement Nespresso sur son terrain et sont restées positionnées dans une gamme inférieure sans réussir à remonter en gamme, du moins pour l'instant.

La rupture par le bas a été renouvelée par l'arrivée d'un nouvel entrant mettant en œuvre une stratégie radicalement différente : Ethical Coffee Company (ECC). L'idée de ECC est de reprendre une approche qui a fait ses preuves sur le marché des imprimantes à jet d'encre : créer des capsules compatibles et moins chères. ECC a réussi à contourner les nombreux brevets déposés par Nestlé afin de produire ses capsules de manière légale. De manière intéressante, la société a été lancée par Jean-Paul Gaillard, qui n'est autre que l'ancien PDG de Nespresso, dont il a assuré avec succès le lancement dans les années 1990.

6. Voir la section « Une rupture par le bas réussie : Unilever au Brésil » au chapitre 8.

Quand la remontée du nouvel entrant ne se produit pas

L'exemple de Nespresso montre que le mécanisme de remontée ne se produit pas toujours. Regardons pourquoi en prenant le domaine de la banque. Dans les années 1980, les courtiers ont disrupté les banques en offrant des services low-cost en direct. En créant une relation en direct avec des clients souvent aisés, ces acteurs auraient pu entamer une montée en gamme. Mais cela ne s'est pas produit. L'une des raisons est sans doute que pour ce faire, ils auraient dû investir dans des locaux. En effet, monter en gamme nécessite dans ce cas de créer une relation physique. Il y a donc une discontinuité entre l'entrée de gamme et le segment supérieur dans le cas de la banque. Cette discontinuité impose au nouvel entrant, s'il veut monter en gamme, de reproduire le même modèle économique que l'acteur en place, c'est-à-dire de créer une infrastructure très différente de celle qui lui a permis d'entrer par le bas initialement.

Cette discontinuité n'est pas impossible à surmonter – ainsi, certains magasins de vente en ligne ouvrent désormais des boutiques et des magazines électroniques éditent une version papier –, mais elle représente néanmoins une très forte barrière qui protège les acteurs en place. En tout état de cause, il ne s'agit plus de rupture, c'est-à-dire d'une attaque *via* un modèle d'affaires différent, mais d'une entrée classique sur un marché établi en se coulant dans les règles établies du modèle d'affaires en vigueur. Mais une telle approche n'est pas à son avantage. Les travaux de Christensen montrent en effet que la seule chance d'un nouvel entrant est d'avoir un modèle d'affaires différent, car l'innovation continue favorise l'acteur en place tandis que l'innovation de rupture favorise le nouvel entrant.

Par ailleurs, une seconde raison pour laquelle les nouveaux entrants peuvent trouver difficile de monter en gamme est que les règles du jeu peuvent varier subtilement d'un segment à l'autre. Pour reprendre le marché de l'automobile, cela apparaît clairement dans les difficultés actuelles des fabricants japonais avec leur marque de luxe. Après un succès initial incontestable dans les années 1980,

Lexus, Acura et Infiniti sont à la recherche d'un second souffle tandis qu'Audi, BMW et Mercedes ne se sont jamais aussi bien portés. Les raisons sont multiples, mais dans ces segments, l'image est importante, et celle-ci se bâtit sur des dizaines d'années et aucun effort marketing ne peut compenser la relative jeunesse des marques japonaises. Par ailleurs, le segment exige un renouvellement fréquent des modèles pour être toujours à la pointe de la technologie, ce qui nécessite des investissements très importants sur de très longues périodes. Pour une marque spécialisée dans le haut de gamme, cela ne pose pas de problème en soi, car elle est motivée pour cela, elle y a intérêt.

Pour une marque généraliste, en revanche, il y a nécessairement conflit avec les autres divisions qui, elles aussi, réclament des investissements. Les Japonais n'ont pas eu la motivation nécessaire pour s'engager à fond dans ce segment, tout simplement parce qu'ils avaient d'autres segments, ce qu'a récemment reconnu le président de Toyota[7]. On retrouve une nouvelle fois la notion de conflit de modèle d'affaires, entre un modèle généraliste et un modèle haut de gamme dans le cas des Japonais.

Un autre facteur important de non-remontée vers le haut tient parfois à la discipline de l'acteur en place. C'est particulièrement évident dans le cas d'acteurs comme Bic, Tati, Leader Price ou Ikea, qui après des dizaines d'années de présence dans l'entrée de gamme, y sont toujours fortement présents et ont relativement bien résisté à la tentation de remonter. L'une des raisons tient au fait que l'entrée de gamme, si elle est bien gérée avec un modèle RPV (ressources, processus, valeurs) cohérent, peut être très rentable, alors que nous l'avons vu, la remontée est un pari potentiellement très coûteux, et très risqué s'il y a discontinuité ou manque de persistance. Dacia constitue un exemple de reconquête de l'entrée de gamme par un acteur, Renault, qui avait précédemment échoué dans sa montée en gamme (Vel Satis).

7. La source de cette section est : « The limits to Infiniti », *The Economist*, 7 juin 2014.

Déblocage par l'acquisition d'un cœur technologique

Au-delà du conflit de modèle d'affaires présent pour tout acteur s'engageant dans une innovation de rupture, on pourra évaluer la capacité d'une rupture par le bas avec remontée possible dans une industrie donnée en étudiant la possibilité ou non d'une continuité dans l'ascension. Si l'industrie dispose de ce que Christensen appelle un « cœur technologique », alors une remontée sera possible. Sinon, il y aura une discontinuité dans l'ascension, et cette dernière ne sera possible qu'en reprenant le modèle d'affaires du segment supérieur.

Certains secteurs ainsi bloqués peuvent à un moment donné acquérir un cœur technologique. C'est le cas de l'enseignement : pendant longtemps, si une école avait des ambitions de croissance, elle devait ouvrir de nouveaux campus, recruter des professeurs de haut niveau et financer de la recherche (dans le supérieur). Elle ne pouvait croître qu'en reproduisant le modèle d'affaires dominant, essentiellement le modèle de l'université du Moyen Âge, excellemment traduit aujourd'hui par Harvard, ce qui donnait une prime aux acteurs en place et nécessitait des moyens importants. Avec le développement d'Internet, les technologies d'enseignement en ligne (MOOC) couplées avec les réseaux sociaux, ainsi que l'abaissement des coûts de création média au sens large, un cœur technologique est désormais disponible qui permet à la rupture de se développer. De nouveaux entrants apparaissent, mettant en œuvre des modèles d'affaires très en rupture. On note dans cet exemple qu'il existe cependant une discontinuité partielle, au sens où il demeurera nécessaire dans de nombreux cas de disposer d'une interaction physique avec les participants aux cours, ce qui laisse une chance aux acteurs en place de continuer à jouer un rôle, même si celui-ci sera probablement diminué à la suite de la perte de leur monopole d'enseignement. Le scénario probable pour l'enseignement sur cette base est donc celui d'une entrée massive de nouveaux acteurs (rupture par le bas) mais pas nécessairement de remontée forte vers le haut car probablement, comme dans l'exemple de la banque évoqué plus haut, remonter nécessiterait un accès à des actifs physiques (salles, campus, etc.).

On le voit, la rupture par le bas ne se traduit pas mécaniquement par une remontée vers le haut entraînant une éviction des acteurs en place. Ce n'est ni inéluctable pour l'acteur en place, ni facile ou même souhaitable pour le nouvel entrant.

Résumé du chapitre

L'introduction de produits moins chers et moins performants constitue une forme essentielle de l'innovation de rupture au même titre que l'introduction de nouveaux marchés. Elle est possible parce que dans leur volonté de satisfaire leurs clients les plus exigeants, les acteurs en place sont systématiquement attirés vers le haut de leur marché. Ce faisant, ils délaissent leurs clients normaux qui deviennent sur-servis. Ce sur-service fait évoluer les critères de performance d'abord vers la facilité d'utilisation puis vers le prix. Le sur-service et la sensibilité au prix ouvrent le bas du marché à de nouveaux entrants qui proposent une offre low-cost. Parce que cette offre des nouveaux entrants se fait à partir d'un ensemble de ressources, processus et valeurs adaptés, l'acteur en place ne trouve pas attractif d'y répondre et leur laisse donc le champ libre. À leur tour, les nouveaux entrants, une fois installés dans le bas du segment, sont soumis à la même attraction vers le haut, et repoussent donc l'acteur en place vers le haut et sont à leur tour victimes d'une rupture par le bas. La seule réponse possible pour l'acteur en place à une telle rupture consiste en la création d'une offre spécifique low-cost reposant sur un ensemble de ressources, processus et valeurs adaptés.

Troisième partie

LES MÉCANISMES DE LA TRAGÉDIE

Dans cette troisième partie, nous examinons en détail les mécanismes du dilemme de l'innovateur analysant les décisions des acteurs eux-mêmes de l'organisation. Dans le chapitre 6, nous montrons comment le développement d'une logique de contrôle, indispensable à la gestion d'une grande entreprise, est également un frein important à l'innovation en minant sa capacité créative. On a donc un paradoxe : mieux l'entreprise est gérée, plus elle est performante, mais moins elle peut innover.

Dans le chapitre 7, nous examinons les mécanismes de décision et montrons comment les principes de bonne gestion, qui assurent la performance en situation continue, se révèlent particulièrement contreproductifs en situation de rupture. En examinant un processus clé pour l'innovation, l'allocation des ressources, nous montrons comment sont créés les effets pervers par lesquels l'intention d'innover se traduit par un manque d'innovation.

6

L'impératif de contrôle et la disparition de la capacité créative de l'organisation

Comment la mise en place de systèmes de gestion basés sur la mesure et le contrôle, garante de la performance économique d'une entreprise, détruit-elle en même temps sa capacité créative, l'empêchant ainsi d'innover ? Comment entraîne-t-elle l'épuisement organisationnel ? Pourquoi la mesure et le contrôle sont-ils particulièrement néfastes pour l'innovation de rupture ?

La disparition de la capacité créative

Pour comprendre le mécanisme de la disparition de la capacité créative d'une organisation, intéressons-nous aux travaux d'Arnold Toynbee, auteur fameux de *L'Histoire*, un livre monumental sur l'histoire des civilisations[1]. Que dit Toynbee ? Selon lui, une civilisation

1. Arnold J. Toynbee, *L'Histoire*, Payot, 1996.

croît lorsque son élite suscite l'adhésion interne et externe grâce à sa capacité créative. Elle cesse de croître lorsque cette élite cesse d'être créative : c'est la cassure. L'élite se transforme peu à peu en minorité dominante fonctionnant sur une logique de contrôle et non plus d'adhésion.

Lorsque la logique passe de l'adhésion au contrôle, l'unité de la civilisation se brise et apparaissent deux types de prolétariat, c'est-à-dire deux groupes qui ne se sentent plus comme faisant partie du tout : un groupe interne (dissidence), et un groupe externe (les barbares). Ces deux groupes se retirent socialement de la civilisation et se retournent contre elle.

De manière intéressante, Toynbee observe que les effets négatifs de cette cassure ne se produisent pas immédiatement : la civilisation peut continuer pendant assez longtemps sur sa lancée, bénéficiant même au contraire de l'efficacité résultant de la domination de l'élite, en particulier lorsque celle-ci est capable de produire une classe d'administrateurs efficaces.

Il est frappant de voir à quel point cela correspond à ce qu'on peut observer dans le monde de l'entreprise. Regardons ce modèle plus en détail.

De la créativité au contrôle

Les débuts d'une entreprise sont souvent marqués par une grande créativité : s'inventent alors des produits, des processus et plus généralement, un modèle d'affaires dans un processus d'exploration. Dans ce contexte, nous pouvons définir la capacité créative comme la capacité à introduire de nouveaux produits et services radicalement nouveaux avec succès (définis en termes de diffusion, de rentabilité et de volume). Durant cette période, le développement repose principalement sur les talents individuels de l'équipe entrepreneuriale des fondateurs. Si elle réussit, l'entreprise entame alors une phase de croissance. Cette croissance nécessite que soient mis en place des systèmes de gestion : le fonctionnement ne peut plus dépendre systématiquement du talent des entrepreneurs, mais doit être institutionnalisé explicitement au moyen de processus qui doivent permettre de guider le travail des nouveaux employés qui arrivent en nombre. Au cours du temps, certains de ces processus cessent d'être explicites pour constituer des valeurs, constituant ainsi la culture et l'identité de l'organisation.

Plus généralement, la croissance de l'entreprise nécessite la mise en place de systèmes qui codifient son fonctionnement pour faciliter l'exploitation du potentiel créé par la période entrepreneuriale. Leur mise en œuvre s'accompagne également d'une conformité croissante aux standards institutionnels, notamment si la société est cotée en Bourse : sensibilité aux recommandations des analystes, normes de qualité, etc. La mise en place d'un système informatique de gestion de ressources (ERP) est en général un pas supplémentaire de rigidification. L'entreprise a également besoin de plus de prédictibilité. Comme le souligne l'économiste William Baumol : « La pression concurrentielle du marché force les firmes à systématiser le processus d'innovation et à chercher à en supprimer autant que possible le hasard[2]. »

La mise en place de ces systèmes est indispensable. L'entreprise ne pourrait croître dans de bonnes conditions si elle ne les mettait pas en place. Elle s'effondrerait rapidement sous son propre poids.

À court terme, ces évolutions sont bénéfiques : l'entreprise est mieux gérée. À long terme cependant, la rigidification des systèmes et de la culture élimine peu à peu la capacité d'innovation. Un cadre d'une grosse PME me décrivait avec une grande inquiétude comment l'esprit entrepreneurial disparaissait peu à peu de son entreprise : depuis l'introduction en Bourse de cette dernière, le fondateur, un scientifique renommé pour la vision sur laquelle la société avait été fondée, s'était éloigné du fonctionnement opérationnel et l'innovation était désormais entièrement pilotée par les unités d'affaires. Tout projet innovant devait désormais passer le barrage d'une présentation de cas avec projections financières précises sur cinq ans. On sait naturellement qu'à ce jeu, seules les innovations continues peuvent passer. La capacité créative, en particulier pour ce qui concerne l'innovation de rupture par définition peu prédictible, est étouffée par l'exigence (rationnelle) de mesure et de prédictibilité, par une logique de contrôle. La cassure se pro-

---

2. William J Baumol, *The Free-Market Innovation Machine: Analyzing the Growth Miracle of Capitalism*, Princeton University Press, 2003.

duit et l'entreprise trouve de plus en plus difficile d'explorer des marchés nouveaux. En l'occurrence, désormais bien gérée, l'entreprise est devenue très efficace pour améliorer son offre actuelle, et de moins en moins capable de créer de nouvelles offres de rupture. Elle se fragilise en devenant plus sensible à un changement de son environnement.

Le chercheur Henry Mintzberg a depuis longtemps fait part de son scepticisme quant aux préceptes de la bonne gestion, en particulier dans un article prémonitoire[3] datant de 2007, et donc avant la crise de 2008 qu'il anticipe, et où il écrit : « Un rapport de l'OCDE en 2005 notait un "déclin significatif" dans l'intensité de la R&D américaine. L'Amérique a bâti son économie sur sa capacité à innover – à explorer. Les ingénieurs américains ont fait l'admiration du monde entier. En 2008, quand les MBA, les financiers et les juristes ont achevé de prendre le contrôle de l'industrie américaine, toute cette exploration s'est métamorphosée en exploitation. »

Cette disparition progressive de capacité créative et le développement d'une logique de contrôle créent un cercle vicieux au niveau du recrutement. Le type de profil attiré par l'entreprise évolue. Alors qu'une entreprise en pleine phase de créativité attire les individus créatifs, l'entreprise recrute désormais des cadres qui transforment peu à peu l'esprit entrepreneurial en esprit managérial. Les individus créatifs quittent progressivement l'entreprise et le processus se renforce par ce tri naturel.

Le délai entre la cassure et ses effets

Nous l'avons vu, Toynbee observe que les effets négatifs de la cassure en termes de performance ne se produisent pas immédiatement. La cassure créative n'empêche en effet pas l'entreprise de rester performante avec ses produits actuels. Au contraire, le développement d'une logique de contrôle a pour but de rendre l'entreprise plus efficace, et donc plus performante, en évitant les gaspillages et

---

3. L'article a été supprimé de son site mais peut encore être retrouvé ici : http://horia.com.br/sites/default/files/documentos/why_productivity_killed_corporate_america.pdf. Une version simplifiée a été publiée dans la *Harvard Business Review* : Henry Mintzberg, « How Productivity Killed the American Entreprise », *Harvard Business Review*, août 2007.

en optimisant l'appareil de production. On peut y voir là un effet « supernova » en quelque sorte. La cassure créative peut même résulter en un surcroît de performance à court terme : c'est le cas notamment lorsque la direction contrôle mieux les coûts.

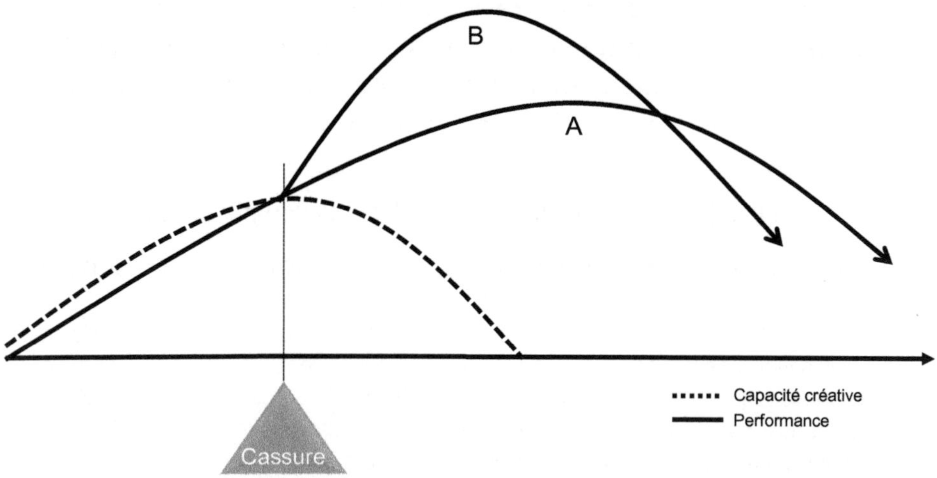

Figure 6.1 Il existe un délai, parfois très long, entre la cassure créative et son effet visible sur la performance (A). La cassure peut même résulter en un surcroît de performance à court terme (B)

Il y a deux implications à ce délai entre la cassure et ses effets : la première, c'est que les systèmes de gestion mis en place ne sont pas aptes à déceler la perte de créativité lorsqu'elle se produit, mais seulement lorsque ses effets se produisent, c'est-à-dire bien plus tard. Ils sont donc dangereusement aveugles, et lorsqu'ils décèlent enfin la baisse de performance, il est souvent trop tard. Ainsi, Kodak était le « chéri » de la Bourse dans les années 1990 au vu de ses excellentes performances financières, alors même que son cœur de métier était en bout de course. Nokia en 2007 et Microsoft aujourd'hui offrent deux autres exemples d'entreprises dans cette situation. Il y a un effet miroir à l'aveuglement des systèmes de gestion : comme ils sont focalisés sur la performance actuelle de l'entreprise, ils ne « regardent » que ce qui la définit aujourd'hui. Comme les innovations de rupture prennent place à l'extérieur du réseau de valeur de l'entreprise, ils ne les détectent pas. En ignorant la cassure créative et la naissance de la rupture, les systèmes de gestion sont donc doublement aveugles aux changements radicaux à l'intérieur comme à l'extérieur de l'organisation[4]. Il n'est donc pas étonnant que l'effondrement, lorsqu'il finit par survenir, constitue une surprise[5].

La seconde implication est que la baisse de performance, lorsqu'elle survient, a souvent des causes profondes qu'il faut rechercher très loin dans le temps, ce qui peut rendre leur identification difficile, et leur résolution encore plus : que faire quand on est victime de décisions malheureuses prises plusieurs années, voire plusieurs dizaines d'années plus tôt dans le cas de GM ?

Le délai entre la cassure et ses effets : l'exemple de GM

D'où remonte le déclin de General Motors qui amène la société à la faillite en 2009 ? À l'augmentation du prix du pétrole en 2008 ? À l'invasion japonaise des années 1970 ? Certains chercheurs font en fait remonter la cause à une décision d'organisation prise par un nouveau PDG en... 1958. Depuis 1921, l'organisation mise en place par le légendaire Alfred Sloan mélangeait, au sein du comité exécutif, les fonctions du siège (stratégie, finances, ressources humaines, etc.) et les fonctions plus opérationnelles (politique produits, marques, manufacture, etc.), assurant ainsi une parfaite imbrication de la politique et de l'exécution.

En 1958, Sloan prend sa retraite. Avec le nouveau PDG, les directeurs des différentes divisions de la société cessent de faire partie du comité exécutif, qui entérine donc une séparation entre le stratégique et l'opérationnel. Dès lors, la stratégie s'élabore avec une connaissance décroissante du terrain tandis que le terrain n'est plus que le récipiendaire de décisions stratégiques inadaptées aux réalités du terrain : la dynamique créative et opérationnelle est brisée. De là datent les premiers échecs de la société.

En 1965, une nouvelle modification est apportée par la centralisation au sein d'une nouvelle entité, GM Assembly Division, de toute la fabrication des différentes divisions. Cela a pour effet d'éloigner encore plus les responsables opérationnels des décisions et la direction de l'opérationnel, accentuant la cassure.[a]

(a) Source : José Santos, Bert Spector, et Ludo Van der Heyden, *Towards A Theory of Business Model Innovation Within Incumbent Firms*, INSEAD Working Paper, 2009

4. Le cours en Bourse, en particulier, est le pire indicateur qui soit de la capacité créative d'une entreprise. Les financiers insistent sur le fait qu'un cours en Bourse reflète la performance future, mais il n'en est rien. Outre Kodak, un très bon exemple est le cours en Bourse de Nokia, qui atteindra son sommet en 2008, un an après l'introduction de l'iPhone qui devait cause sa perte. Voir Dan McCrum, « The Bittersweet Taste of Hindsight », *Financial Times*, 13 août 2015, http://ftalphaville.ft.com/2015/08/13/2137230/the-bittersweet-taste-of-hindsight/.
5. On peut y voir là une manifestation du syndrome de la dinde inductiviste de Bertrand Russell : plus un phénomène se prolonge, moins on pense qu'il peut cesser. Voir : Nassim Nicholas Taleb, *Le Cygne noir. La Puissance de l'imprévisible*, Belles Lettres, 2008.

Capacité créative et performance

Le modèle de Toynbee nous invite donc à distinguer la capacité créative et la performance d'une entreprise, chacune pouvant avoir sa propre dynamique au cours du temps. Si l'on place un certain nombre d'entreprises sur une grille formée à partir de ces deux dimensions, on obtient le diagramme suivant de la figure 6.2.

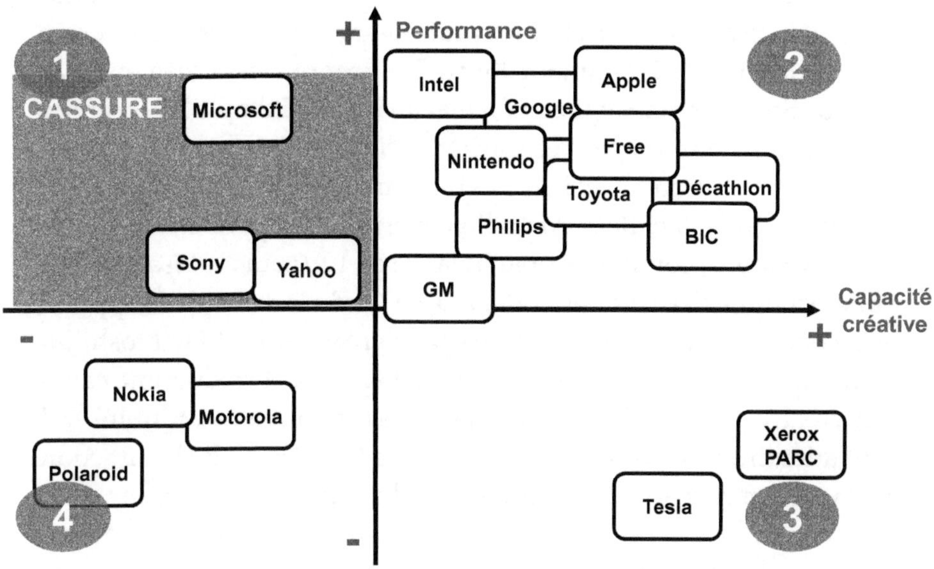

Figure 6.2 Performance et capacité créative : deux dimensions à intégrer

La partie 3 représente les entreprises qui sont créatives mais pas performantes, typiquement les start-up (elles ne sont pas encore performantes) ou le PARC de Xerox, un centre de recherche créé par Xerox qui a inventé certains des standards les plus importants de l'informatique actuelle mais n'a jamais réussi à en tirer un gain financier. La partie 2 représente les entreprises qui sont à la fois créatives et performantes, l'état idéal. La partie 4 est à l'opposé : c'est celle des entreprises qui ne sont plus ni créatives, ni performantes, et donc proches de la fin, sauf retournement – comme IBM en 1991 et Apple en 1997.

La partie 1 est celle qui nous intéresse vraiment : elle représente les entreprises qui sont encore performantes, mais qui ont perdu leur capacité créative. C'est par exemple, selon moi, le cas de Microsoft, qui enregistre toujours des bénéfices records mais dont tous les nouveaux produits récents ont été des échecs (la plupart sont structurellement déficitaires et ne peuvent être maintenus que grâce aux bénéfices des anciens produits de la société, essentiellement Windows et la suite bureautique Office)[6].

Un déclin n'est toutefois jamais irréversible. On le voit en regardant la trajectoire d'Apple, dont l'histoire est particulièrement mouvementée. Apple a en effet visité pratiquement toutes les cases entre sa création en 1977 et aujourd'hui! L'entreprise est créée en 1977 lorsque Steve Jobs et Stephen Wozniak inventent l'Apple I, le premier micro-ordinateur qui peut être acheté déjà monté. La société connaît un succès fulgurant avec l'Apple II à partir de 1978, une lignée qui se vendra jusqu'en 1993. Mais l'entreprise n'est plus créative : les autres produits, comme l'Apple III lancé en 1980 puis le Lisa en 1983, sont des flops et à cette période, Apple vit de la rente de l'Apple II – la société est performante, mais plus créative. Le Macintosh, un ordinateur révolutionnaire, est introduit en 1984 et traduit une capacité créative renouvelée, mais son succès est initialement limité et il faut attendre 1986, année où Steve Jobs se fait évincer de la direction par un manager adepte de pratiques de bonne gestion, pour qu'il décolle vraiment et se traduise en performance financière. Apple à nouveau vit de la rente, cette fois du Macintosh, mais ses autres tentatives d'innovation sont des échecs (console de jeu, services en ligne, assistant numérique, etc.). Les ventes de Macintosh s'essoufflent progressivement et la performance décroît; l'entreprise n'est plus ni créative, ni performante et la période 1993-1997 est celle du déclin. L'entreprise est à deux doigts du dépôt de bilan lorsque Steve Jobs en reprend la direction. À partir de 1998, l'entreprise redevient créative et performante avec une impressionnante série de succès (iMac, iPod, iPhone, iPad). La mort de Steve Jobs en 2011

6. Sur le cas de Microsoft, voir mon article (en anglais) dans *Forbes* « That's all Folks – Why the writing is on the wall for Microsoft ». Dans cet article, je montre que Microsoft est dans le cadran 1 et qu'il serait logique pour Steve Ballmer de démissionner, ce qu'il fera un an plus tard. Il semble que le nouveau PDG ait une claire volonté de ramener Microsoft dans le cadran 2. L'article est accessible à l'adresse : http://www.forbes.com/sites/frederickallen/2012/06/19/thats-all-folks-why-the-writing-is-on-the-wall-at-microsoft/

a conduit de nombreux analystes à penser qu'Apple s'apprêtait à perdre sa capacité créative et à vivre de la rente de ses produits actuels, retournant ainsi pour un temps dans le cadrant 1.

La trajectoire d'Apple est résumée dans la figure 6.3.

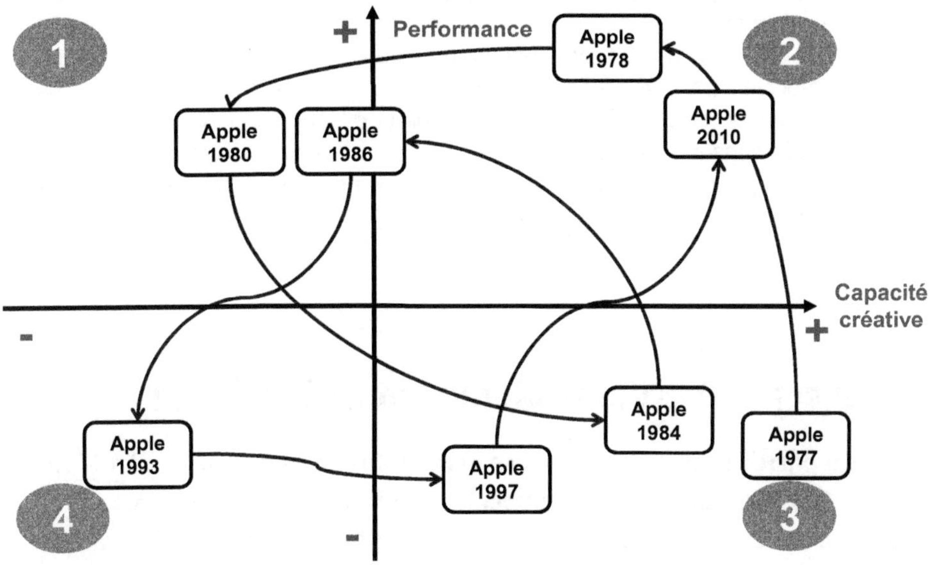

Figure 6.3 La trajectoire d'Apple entre créativité et performance 1977-2010

Un exemple des conséquences néfastes du contrôle et de la mesure : la rationalisation des achats

La rationalisation des achats des grandes entreprises offre un exemple typique des effets pervers que peut avoir une « bonne » gestion sur la capacité d'une entreprise à innover. Il est en effet normal qu'une entreprise cherche à optimiser ses achats pour réduire ses coûts. On observe donc une implication plus forte des services achats, une pression plus forte sur les prix, et très souvent une diminution du nombre de fournisseurs, car il est bien évidemment plus efficace de gérer quelques fournisseurs de niveau 1 qu'une myriade de petits fournisseurs. Or, si son seul mandat est d'écraser les fournisseurs pour avoir le meilleur prix, et si elle tend à diminuer le nombre de ceux-ci pour optimiser les achats, l'entreprise se coupe d'une source potentielle d'innovation très importante. En effet, ces petits fournisseurs sont souvent les plus innovants, ce sont ceux dont l'entreprise peut le plus avoir besoin pour être innovante elle-même. Malheureusement, et presque obligatoirement, leur offre, parce qu'elle est innovante, entre mal dans le cadre des produits habituellement achetés, des appels d'offres standardisés, et parfois pas même dans SAP. Combien de petites PME sont ainsi désespérées d'avoir à remplir un tableau descriptif générique de leur offre qui efface complètement l'originalité de celle-ci ? Sans parler de la pratique des acheteurs qui consiste à considérer une offre sous son seul angle de prix en pensant que toutes les offres se valent. Obligées de passer par un fournisseur de niveau 1, ces petites entreprises disparaissent de la vue des grandes entreprises et sont étouffées au passage.

Les directions générales doivent donc prendre conscience que tous leurs fournisseurs ne doivent pas être gérés selon un moule conçu pour acheter des ramettes de papier et des heures de consultants au meilleur prix. Elles doivent travailler avec leur fonction achats pour mettre au point, en relation avec les unités d'affaires, des mécanismes pour gérer des achats « de rupture », pour lesquels le prix n'est pas une variable à optimiser, même s'il reste important.

Épuisement organisationnel et exil intérieur

La disparition de la capacité créative et l'avènement du contrôle ne sont évidemment pas sans impact au sein même de l'organisation. Dans son texte « Le Pouvoir des sans-pouvoir[7] », écrit en 1978, Vaclav Havel expose la réflexion que lui inspire une expérience toute simple de la vie quotidienne : l'observation dans les années 1980 dans la vitrine d'une épicerie d'une affiche du parti communiste, « Travailleurs de tous les pays, unissez-vous. » Qu'est-ce qui peut bien motiver l'épicier pour avoir mis l'affiche, se demande-t-il ? De toute évidence, l'épicier n'est pas un militant communiste (il n'en reste guère à l'époque).

Havel conclut : « Il met l'affiche à la fenêtre simplement parce que cela se fait depuis des années, parce que tout le monde le fait, et parce que c'est ainsi que ce doit être. S'il refusait, il pourrait y avoir des problèmes. » Pour lui, l'attitude de l'épicier est symptomatique de la façon dont les Tchèques et les Slovaques réagissaient à la dictature décérébrée que leur pays était devenu.

Il en va ainsi de nombreuses grandes entreprises. Elles n'ont à la bouche que le mot innovation. Chacun de leurs collaborateurs doit

7. Vaclav Havel, « Le pouvoir des sans-pouvoir », in *Essais politiques* , Paris: Calmann-Lévy, 1994,, p. 65-158.

être un entrepreneur. On développe des boîtes à idées. Mais dans la pratique ? Le ressort créatif est cassé depuis longtemps et ce que souhaite avant tout le management, c'est la docilité. En effet, avec les années, se sont succédé les plans stratégiques, toujours avec des noms originaux de type REACH 2025 ou TOP 2015, lancés en fanfare et rapidement dissous dans la réalité. Les mobilisations successives demandées au personnel ont usé. Les inepties managériales ont encouragé le cynisme et le désengagement. Ainsi, l'un de mes amis était acheteur dans une grande entreprise. Au troisième rachat de celle-ci, il avait décidé de cesser d'exercer sa diligence : il recevait l'offre d'un fournisseur, et la signait immédiatement sans négocier. Pourquoi ? « Parce que je ne sais plus les intérêts de qui je dois défendre : les actionnaires actuels, qui pressent le citron avant de vendre, ou les futurs actionnaires qui vont arriver bientôt ? » Les retournements à 180° suivis en général de restructurations et de réorganisations à n'en plus finir ont achevé de décourager les plus motivés.

Face à cela, le corps social de l'entreprise a dû se protéger : laisser passer les orages le temps que le nouveau chef se calme. La résistance est en effet inutile : contre l'absurdité d'une procédure basée sur un dogme managérial, et face à l'autorité, les employés ne peuvent pas grand-chose. Comme les Tchèques et les Slovaques, ils se retirent donc dans un exil intérieur, et un compromis implicite s'installe : ils acceptent de faire semblant de croire à la stratégie, quelle qu'elle soit, et le management accepte de se contenter de cette prétention. Au fond, le management, qui sait n'avoir plus aucune crédibilité et ne plus savoir quoi faire la prochaine fois, y trouve son compte. Chacun est tranquille, et les affiches sur les valeurs de l'entreprise peuvent continuer à décorer les salles de réunion comme celle du PC décorait l'épicerie de Vaclav Havel.

Malheureusement, la fin de l'histoire est en général inéluctable : la disparition de capacité créative qui résulte de ce compromis finit par se traduire en déclin organisationnel. Celui-ci met parfois longtemps à s'observer dans les faits, mais lorsque c'est le cas, il est trop tard pour réagir.

Le dilemme créativité/contrôle

On le voit, l'équilibre entre créativité et discipline est difficile. Très souvent et par définition, les start-up font preuve de créativité, mais éprouvent des difficultés à traduire cette créativité en création de valeur, et ont du mal à se structurer lors qu'elles grandissent. Un manque de contrôle compromet alors leur croissance à long terme. Les entreprises établies, au contraire, ont des systèmes de gestion relativement bien établis et clairement définis. Elles disposent d'une bonne capacité de management opérationnel et d'amélioration continue de leurs lignes de produits, mais elles éprouvent des difficultés à maintenir, voire à renouveler, leur capacité créative, en particulier en matière de rupture, pourtant seule source de croissance à long terme.

Une telle asphyxie de la capacité créative au nom d'une bonne gestion peut se produire même au sein des meilleures entreprises. C'est le cas de 3M, fabricant de produits industriels produits phares comme le ruban adhésif Scotch ou les post-it. 3M a depuis longtemps été célébré comme un innovateur hors pair. L'entreprise demande à ses équipes que 30 % de leur portefeuille soient composés de produits ayant moins de 5 ans, leur imposant ainsi une pression énorme d'innover. Pour y arriver, et pour maintenir la créativité, 3M a également inventé la désormais fameuse règle des 15 %, qui permet aux employés de consacrer jusqu'à 15 % de leur temps de travail à des projets personnels sans qu'ils aient à se justifier.

Admettant que l'innovation est un processus désordonné, 3M a ainsi toujours eu une approche peu structurée. William Coyne, l'un de ses responsables, observait ainsi : « L'innovation à 3M est tout sauf structurée. Elle a un sens, dans la mesure où nos efforts sont dirigés vers des buts clairs, mais l'organisation et le processus, et parfois même les gens, sont chaotiques. Nous gérons dans le chaos, et c'est comme cela qu'il faut procéder si vous voulez de l'innovation. » On notera ici le contraste très fort avec William Baumol cité plus haut qui estime, au contraire, que l'innovation peut être transformée en routine. C'est probablement dû au fait que Baumol est principalement concerné par l'innovation continue.

L'approche de l'innovation à 3M a changé lorsque James McNerney, un ancien dirigeant de GE, fut choisi comme PDG en 2000, à une époque où la performance financière de 3M donnait des signes de faiblesse, en particulier si on la comparait aux autres entreprises de la « nouvelle économie » (on était alors en pleine bulle internet). En bon disciple de la culture GE, une entreprise avant tout connue pour sa discipline, McNerney chercha à améliorer l'efficacité opérationnelle de 3M en établissant un contrôle centralisé, en introduisant un programme de qualité Six Sigma et des routines standardisées pour les processus, et en insistant sur les projets d'investissement pouvant donner des résultats à court terme.

Sans surprise, les résultats financiers s'améliorèrent rapidement. Mais la capacité d'innovation se détériora tout aussi rapidement, minant la position concurrentielle de 3M basée sur une innovation lui permettant d'éviter de se battre sur les prix. Les effets de l'assèchement du tuyau « nouveaux produits » se firent sentir très rapidement. Lorsque McNerney quitta la direction de l'entreprise, quatre ans après son arrivée, son successeur revint rapidement à l'approche précédente. Entre-temps, la bulle internet avait explosé, et la performance « vieille économie » de 3M avait soudainement retrouvé tous ses charmes[8].

Apple, avec Steve Jobs à partir de 1997, semble être en revanche une entreprise ayant réussi à combiner une grande créativité organisationnelle – que l'on songe à leurs produits stars, iPod, iPhone et iPad – et une grande discipline, l'obsession du contrôle de Steve Jobs étant légendaire[9].

---

8. Raghu Garud, Joel Gehman et Arun Kumaraswamy, « Complexity Arrangements for Sustained Innovation: Lessons from 3M Corporation », *Organization Studies*, 32, n° 6, 1er juin 2011, p. 737-767.
9. On lira à ce sujet l'article suivant : Adam Lashinsky, « Inside Apple – From Steve Jobs down to the janitor : How America's most successful – and most secretive big compay really works », *Fortune*, 23 mai 2011.

Résumé du chapitre

La croissance d'une entreprise après la phase entrepreneuriale initiale nécessite que soient mis en place des systèmes de gestion. Ces systèmes instaurent une logique de contrôle et de mesure, et ont pour objectif que la trajectoire de l'entreprise devienne plus prédictible. À court terme, l'entreprise devient performante. Mais ces systèmes rigidifient son fonctionnement et à long terme, cette rigidification élimine peu à peu la capacité d'innovation, en particulier d'innovation de rupture qui est particulièrement peu prédictible. L'entreprise perd sa capacité créative. Les effets de cette disparition ne sont pas immédiats, ce qui rend difficile la prise de conscience et retarde donc une réaction possible. L'enjeu est donc de trouver un équilibre entre le contrôle nécessaire à la performance et la créativité indispensable au renouvellement des produits par l'innovation.

7

La tyrannie de la microdécision : les effets pervers de l'allocation de ressources

Comment l'intention d'innover d'une organisation se traduit-elle par une absence d'innovation sur le terrain ? Quel rôle joue le processus d'allocation de ressources dans l'incapacité à innover ? Comment l'application des préceptes d'une bonne gestion, qui fonctionnent bien en situation continue, conduit-elle à l'échec en situation de rupture ?

L'importance des microdécisions

Nous aimerions penser que ce que fait une organisation résulte d'une intention claire, d'une volonté délibérée de la part de la direction générale, de grandes décisions stratégiques qui fixent un cap. Mais ce n'est généralement pas le cas. Ce que fait une organisation résulte de ce que font ses membres au quotidien, c'est-à-dire d'une multitude de microdécisions. Le champ des sciences sociales a ainsi depuis longtemps observé avec la notion d'individualisme méthodologique que la compréhension des phénomènes macroscopiques (non intentionnels) passait nécessairement par l'étude de leurs causes microscopiques (intentionnelles), accordant ainsi le primat au jeu des individus et à leur conscience[1].

Dans l'entreprise, ce phénomène a en particulier été mis en lumière par Robert Burgelman, un chercheur américain qui a longuement travaillé sur Intel, leader mondial des microprocesseurs[2]. Intel, qui initialement était un fabricant de mémoires de stockage pour ordinateurs, est progressivement devenu un fabricant de microprocesseurs. Cette évolution s'est faite, non pas parce que le management en a décidé ainsi, mais parce que le système d'allocation de ressources interne (en l'occurrence, l'utilisation de la capacité manufacturière, cruciale dans cette industrie) avait incité les managers à orienter, au quotidien, leurs décisions vers cette activité, c'est-à-dire à allouer en priorité la capacité de fabrication pour les microprocesseurs aux dépens des mémoires, car la marge des premiers était largement supérieure à celle des seconds. Ce n'est que deux ans après que les microprocesseurs ont franchi la barre des 50 % de chiffre d'affaires de l'entreprise que la direction générale a pris conscience de ce changement, et l'a avalisé. La stratégie officielle a donc sanctionné la stratégie induite par les comportements individuels sur base du mécanisme d'allocation de ressources. L'histoire d'Intel est un *happy end*, parce que la mémoire était en perdition et que les microprocesseurs ont bien sûr représenté un marché énorme pour l'entreprise, mais toutes les histoires d'allocation de ressources ne se terminent pas aussi bien.

Cet exemple montre combien, tandis que la direction générale définit des stratégies délibérées, la situation de l'entreprise résulte, en fait, de microdécisions prises au jour le jour sur le terrain : par les vendeurs, qui poussent tel produit plutôt que tel autre parce que leur marge est meilleure, la vente plus simple ou le client mieux

1. Source : http://www.contrepoints.org/2013/05/19/124852-raymond-boudon-et-lindividualisme-methodologique. Sur l'individualisme méthodologique, voir Raymond Boudon, *La Sociologie Comme Science*, La Découverte, 2010.
2. Robert A. Burgelman, *Strategy Is Destiny - How Strategy Making Shapes a Company's Future*, New York, NY: The Free Press, 2002.

connu, par les RH qui recrutent tel profil de grande école plutôt que tel autre car c'est moins risqué, par les comptables qui tarifent les transactions internes et influencent ainsi les comportements, par les acheteurs qui rationalisent les fournisseurs et éliminent ceux qui ne rentrent pas dans le rang, et donc les plus innovants, par les informaticiens qui font entrer tout processus dans un moule unique, etc. Rien de tout cela n'est vu comme stratégique, tout est fait avec de bonnes intentions, mais tout finit par résulter en une stratégie *de facto*[3], qui ne laisse pas nécessairement l'entreprise là où elle voulait être initialement. Au mieux, comme dans le cas d'Intel, elle bascule sur un marché prometteur qu'elle n'avait pas envisagé ; au pire, elle sape ses propres fondations et devient incapable d'innover.

Ce qu'il y a de pervers dans ce mécanisme, que l'on peut appeler « la tyrannie de la microdécision », c'est que d'une part, il est basé sur des décisions non stratégiques, opérationnelles, et sur lesquelles le PDG, tout conscient qu'il peut être de la nécessité d'innover, n'a aucune prise directe, et que d'autre part, les effets de ces décisions sont cumulatifs et ne se font sentir qu'au bout d'un temps parfois très long. Quand l'entreprise en prend conscience, il est souvent trop tard pour agir sur les causes, qui remontent à très longtemps parfois. On peut trouver là une explication au fameux délai observé par Toynbee entre la cassure créative et ses effets visibles.

Le manque d'innovation ne résulte donc pas d'une mauvaise volonté, d'une résistance au changement ou d'un problème de mise en œuvre, mais de milliers de microdécisions des acteurs individuels au quotidien qui s'agrègent au final en un résultat non souhaité, un effet pervers[4]. Dans la recherche de solution, il est donc primordial de considérer ce qui motive ces choix afin de pouvoir les orienter dans le sens souhaité par l'organisation.

Oubliez donc les modèles stratégiques, et intéressez-vous plutôt au processus d'allocation de ressources. Examinez les valeurs de votre organisation au sens où ces valeurs déterminent l'ordre de

3. Le chercheur Henry Mintzberg parle de stratégie émergente que l'on constate par opposition à la stratégie délibérée que l'on conçoit. Voir : Henry Mintzberg, *Grandeur et décadence de la planification stratégique*, Paris: Dunod, 2004.
4. La notion d'effet pervers est notamment étudiée par Raymond Boudon, *Effets pervers et ordre social*, Paris, Presses Universitaires de France, 2009.

priorité des options possibles dans une décision. Demandez-vous comment sont prises les décisions sur la base de ces valeurs, dont certaines sont explicites (votre système de mesure de performance, par exemple) mais dont beaucoup sont implicites (culture, histoire, références internes, etc.)

L'allocation de ressources : le processus clé de l'innovation de rupture

Nous avons montré avec l'exemple d'Intel le rôle de l'allocation de ressources et de ce qui en motive les décisions. L'activité d'une organisation peut en effet être réduite à un processus simple, mais fondamental : allouer ses ressources pour atteindre ses objectifs. L'allocation de ressources constitue donc la base même de la stratégie, ou plus précisément, la traduction de cette dernière dans les faits. Or, les ressources sont toujours nécessairement limitées, il faut donc faire des choix. La manière dont ces choix sont faits importe au plus haut point, puisque c'est ce qui décide de ce qui est fait et ce qui est ignoré. Pour comprendre comment ces choix sont faits, il faut comprendre ce qui les motive.

On voit donc l'importance de ce processus dans l'innovation de rupture. Cela n'est pas évident *a priori*. On pense souvent que le développement produit ou la créativité individuelle sont plus importants, mais il n'en est rien. La clé est l'allocation de ressources, tout se joue là.

Les engagements conflictuels entre le présent et le futur

L'allocation de ressources en situation de rupture se fait dans un contexte particulier, celui d'un conflit entre l'activité actuelle et l'activité future. Pour survivre, une entreprise doit assurer son présent (défendre sa position et satisfaire ses clients sur des marchés actuels), mais aussi préparer son avenir (créer de futurs marchés). Innover nécessite un certain nombre d'engagements, comme développer un projet consommateur de ressources sur lequel on n'a pas de visibilité immédiate quant à sa rentabilité. Dans le même temps, assurer le fonctionnement actuel de l'organisation nécessite d'autres engagements, comme utiliser les ressources le plus efficacement possible, ce qui se décide dans les réunions budgétaires. Or, ces deux engagements ne sont tout simplement pas compatibles, et le plus souvent, l'engagement envers le présent l'emporte. L'objectif d'innovation de rupture, pourtant important pour l'entreprise, n'est pas atteint parce qu'elle a des engagements conflictuels qui l'empêchent de l'atteindre, et que ces engagements résultent d'hypothèses qu'elle fait sur quelque chose qui est tout aussi important pour elle : la préservation de l'activité actuelle.

Cet engagement n'est pas quelque chose d'abstrait ou de collectif ; il correspond aux multiples décisions prises chaque jour par les collaborateurs et partenaires de l'organisation. Il repose toujours sur une hypothèse plus ou moins implicite, et plus généralement sur des valeurs, c'est-à-dire des principes auxquels doivent se conformer les manières d'être et d'agir et qui orientent les actions des individus.

Prenons deux exemples typiques de valeurs parmi d'autres : « éviter de gaspiller des ressources rares » et « maintenir la performance de notre activité actuelle ». Investir dans un projet de rupture est très incertain et donc risqué. Le projet peut échouer et donc conduire à la perte de ressources, ce qui est du gaspillage. En outre, ces ressources seront prélevées sur l'activité actuelle, dont la performance risque dès lors d'être amoindrie. Il y a donc une réticence très forte à l'investissement dans le projet. Nous voulons donc innover, mais notre action au quotidien (éviter de gaspiller des ressources sur des projets incertains) empêche l'innovation, parce que nous avons peur que le gaspillage de ressources nous pénalise.

Il faut insister sur le fait que cette action est rationnelle et sert les intérêts de l'organisation. Elle est le garant de sa performance actuelle, mais elle résulte en un effet pervers. C'est donc au niveau de ce conflit, et donc des hypothèses sur lesquelles nous basons nos engagements actuels, qu'il faut travailler plutôt que de se bloquer sur un impératif d'innovation générique qui ne fait que générer de la frustration au sein des équipes qui vivent ce conflit au quotidien[5].

---

5. Cette notion de conflit est étudiée par deux chercheurs dans un contexte de résistance au changement organisationnel. Voir Robert Kegan et Lisa Laskow Lahey, *Immunity to Change: How to Overcome It and Unlock the Potential in Yourself and Your Organization*, Boston, Mass: Harvard Business Review Press, 2009.

Les engagements conflictuels par l'exemple

Pour mieux comprendre comment le mécanisme d'allocation de ressources peut générer des effets pervers, plaçons-nous dans la situation de Sophie, jeune commerciale travaillant dans une grande entreprise. L'innovation a été placée au centre de la stratégie de celle-ci. Le PDG a été très clair lors du lancement en grande pompe du Challenge Innovation : « Tous innovateurs ! » Sophie prend très à cœur cet impératif. Un jour, de retour d'un rendez-vous client, elle réfléchit à la discussion qu'elle vient d'avoir et lui vient l'idée d'un nouveau produit. « Tous innovateurs ! » Elle n'hésite pas une seconde. Elle s'enferme dans son bureau pendant plusieurs jours avec une réserve de café et de biscuits secs. Elle part faire plusieurs enquêtes sur le terrain, rencontre des partenaires, développe un prototype et, soutenue par l'ensemble des collaborateurs de l'entreprise et en particulier par son responsable direct, signe un premier contrat. Son PDG reconnaît la brillance de son travail, le produit devient un succès mondial et Sophie, quelques années plus tard, prend la direction de l'entreprise.

Scénario réaliste ? Probablement pas. Ce qui est plus probable, c'est que lorsque Sophie décidera de consacrer du temps à son projet d'innovation, son responsable lui interdira avec l'argument suivant : occupe-toi d'abord de tes prospects, et s'il te reste du temps, on verra. Si elle s'entête (après tout, « Tous innovateurs ! »), elle n'atteindra pas ses objectifs et sera lourdement pénalisée quand viendra l'heure de l'évaluation de sa performance, car malheureusement l'innovation ne fait pas partie de ses critères d'évaluation. Elle devra donc probablement renoncer.

On retrouve bien-là le conflit entre présent et futur qui fait que les ressources vont être allouées au premier aux dépens du second.

Il faut noter, de manière très importante, que le problème de Sophie n'est en fait pas exactement que l'innovation ne fasse pas partie de ses critères d'évaluation. Imaginons qu'elle en fasse partie. Sophie a donc deux critères d'évaluation de sa performance : l'innovation et ses résultats commerciaux. Si elle a consacré du temps à développer une innovation, elle sera évaluée favorablement sur ce critère, mais sa performance commerciale en aura probablement souffert et elle n'aura pas atteint ses objectifs. Elle sera donc évaluée défavorablement sur ce critère. On voit donc qu'il y a conflit. Que doit alors faire son évaluateur ? La réalité de l'entreprise étant ce qu'elle est, il est extrêmement probable que celui-ci donnera plus de poids aux mauvais résultats commerciaux, tangibles, mesurables et d'impact immédiat, qu'à l'effort d'innovation, intangible, non mesurable et d'impact lointain. Quelle que soit sa bonne volonté, cette attitude sera rationnelle, et conduira à l'effet pervers. À moins que la direction générale, *via* le système de gestion, ne fournisse une solution pour régler ce conflit, il perdurera.

On peut généraliser cette notion de conflit au niveau des choix des employés. Quelle ressource fait l'objet d'une allocation par un employé, même modeste, de l'organisation ? Il y en a plusieurs, mais les principales sont le temps et l'attention. En arrivant au bureau le matin, Sophie va organiser sa journée et décider comment utiliser son temps. Notamment, elle va décider qui appeler : le prospect A plutôt que le prospect B, et le client X plutôt que le client Y. De ces décisions va résulter tel contrat plutôt que tel autre, et au final, si on les multiplie par le nombre d'employés, et sur une longue durée, ces décisions vont amener l'entreprise sur un terrain qu'elle n'avait pas forcément anticipé.

Mais sur quoi se base donc notre commercial pour allouer son temps et son attention ? Sur des processus et des valeurs. Certaines de ces valeurs sont explicites : instructions de l'entreprise, critères d'évaluation de sa performance, etc. D'autres sont implicites, comme l'attachement à la relation avec un client ou au contraire le détachement de ce type de considération. Au final, l'allocation de ressources par les différents acteurs de l'organisation se fait sur la base de leur motivation au sens le plus basique du terme.

Deux problèmes peuvent alors survenir :

- Le premier problème est le non-alignement entre la motivation de l'employé et l'intérêt de l'entreprise. Cette dernière peut avoir défini une stratégie et demander alors à tous ses employés de la mettre en œuvre, mais négliger la transcription de cet impératif en mécanismes d'incitation appropriés à tous les niveaux de l'organisation. Or, c'est aux niveaux intermédiaires que la stratégie est effectivement mise en œuvre par l'allocation de ressources, comme nous l'avons évoqué. Sans mécanismes appropriés, l'alignement n'est pas réalisé, et les employés emmènent l'entreprise dans une direction différente de l'intention stratégique exprimée dans les étages supérieurs.

- Le second problème est que les mécanismes d'incitation, censés influer la motivation des employés, peuvent entraîner des effets pervers. Par exemple, pour augmenter les ventes, on augmentera les commissions des commerciaux. Ceux-ci auront tendance à aller chercher les gros contrats, ignorant les « petits » clients qui peuvent être plus fidèles, plus rentables et qui, un jour peut-être, deviendront grands. La performance à court terme peut augmenter, mais la pérennité de l'entreprise est ainsi mise en péril. Tout système de mesure de la performance induit des effets pervers, et il est extrêmement important de les anticiper quand on met ces systèmes en place[6]. Mais c'est rarement le cas. On notera que les vendeurs des boutiques Apple n'ont pas de commission sur leurs ventes. De même, et afin d'éviter les conflits d'unités d'affaires, Apple ne compte qu'un seul centre de profit global.

Comment l'allocation rationnelle de ressources crée des effets pervers

Nous avons dans ce qui précède mis en lumière la très grande importance du processus d'allocation de ressources dans l'innovation de rupture. Nous avons également souligné que ce mécanisme joue principalement aux niveaux intermédiaires de l'organisation et que ce qui importe est de prendre en compte la motivation des acteurs à ces niveaux dans leur prise de décision.

Si l'allocation n'est pas organisée pour favoriser l'innovation de rupture, celle-ci sera étouffée par les marchés actuels, car les incitations en place auront tendance à favoriser l'activité existante. La

6. On lira à ce sujet le remarquable article de Michel Berry, « Une technologie invisible : L'impact des instruments de gestion sur l'évolution des systèmes humains » écrit en 1983 et qui n'a pas pris une ride. Il est accessible à cette adresse : http://crg.polytechnique.fr/incunables/techno_invisible.pdf.

question qui se pose donc est de comprendre ce qui détermine ce processus, afin de pouvoir le modifier.

Dans ce qui suit, nous passons en revue un certain nombre de bonnes pratiques de gestion et montrons comment, en situation de rupture, elles produisent des effets pervers qui ramènent l'entreprise vers son marché actuel aux dépens de l'opportunité future.

La dépendance des ressources

Pour sa survie et son développement, une entreprise est dépendante de deux parties prenantes fondamentales pour obtenir ses ressources : ses investisseurs, au sens large, et ses clients. Une entreprise bien gérée prendra donc soin de les servir tous les deux en priorité. C'est même un dogme managérial.

L'allocation de ressources sera, très logiquement, le reflet de ce soin : seront servis en priorité les actionnaires (rentabilité) et les clients... actuels. Et ce d'autant plus que l'entreprise se dit « orientée client » (entendre « clients actuels »). Encore une fois, cela se produira à tous les niveaux. Or, ceux-ci tirent l'entreprise le long de l'amélioration selon le critère dominant de performance, c'est-à-dire essentiellement faire « mieux et moins cher », à savoir, là encore, une innovation continue. En s'attachant d'abord à gérer les clients actuels, on aura tendance à ignorer les clients futurs, ces fameux « non-consommateurs » que nous avons évoqués. C'est particulièrement important en cas de rupture, car les non-consommateurs ne font pas partie de l'univers de l'entreprise. Ils ne fournissent pas de ressources, ils ne se plaignent pas des délais ni de la qualité des produits, etc. Ils sont servis en dernier, c'est-à-dire jamais. D'une manière générale, l'observation de l'allocation de ressources en considérant la dépendance des ressources permet de mieux comprendre pourquoi, malgré sa bonne volonté et son souhait, une entreprise ignore en pratique une rupture dans son environnement.

En conséquence, pour innover et en particulier pour être capable d'innover en rupture, il faut définir le processus d'allocation de ressources pour qu'il prenne en compte les non-consommateurs. On le voit, l'innovation est moins une affaire de créativité qu'une affaire de design organisationnel.

Les outils financiers

La mauvaise utilisation d'outils financiers est un facteur important d'échec en innovation de rupture[7]. Regardons deux de ces outils : l'impératif d'utilisation de la capacité existante et la valeur actuelle nette (VAN).

L'impératif d'utilisation de la capacité existante

L'utilisation de la capacité existante est un impératif de bonne gestion d'entreprise. Il serait impensable de construire une nouvelle usine alors que l'usine existante n'est pas complètement utilisée. Regardons son impact en partant d'un exemple simple. Vous êtes une entreprise qui vend une machine professionnelle à de grandes entreprises. Pour cela vous avez développé une force de vente directe depuis de nombreuses années. Cette force de vente est devenue très efficace dans sa gestion de la relation avec ses grands clients. Les commerciaux connaissent les produits et agissent comme conseils auprès des clients pour signer des contrats importants, et restent impliqués dans la phase d'après contrat. Au bout d'un moment cependant, votre marché sature peu à peu. Les contrats deviennent de plus en plus difficiles à signer, et la phase d'avant-vente devient de plus en plus longue. Mais heureusement, votre département innovation a mis au point une version de votre produit pour les entreprises individuelles. Nettement moins puissante, peu chère, elle est très simple à installer et à utiliser et par ses fonctions, répond bien aux besoins spécifiques des petites entreprises. La question qui se pose dès lors est celle du canal de distribution à choisir. La nature même du produit et sa cible militent de toute évidence pour choisir une vente indirecte *via* un réseau de détaillants : on est sur un marché de masse que seul un tel réseau peut atteindre, et il est nécessaire de montrer la machine à des acheteurs initialement réticents, et de la leur laisser essayer dans le magasin pour les convaincre. En substance, l'intérêt du produit est de passer par un réseau de détaillants.

7. La source pour cette partie sur les outils financiers est l'article suivant, dont on ne peut que vivement recommander la lecture : Clayton M. Christensen, Stephen P. Kaufman et Willy C Shih, « Innovation Killers: How Financial Tools Destroy Your Capacity to Do New Things », *Harvard Business Review*, janvier 2008.

Mais là intervient la logique économique et comptable. Rappelez-vous, l'entreprise dispose d'une force de vente directe confrontée à un marché déclinant. Sous-utilisée, elle réclame donc de nouveaux produits à cor et à cri. Leur confier la vente du produit serait une décision logique : en effet, l'un des préceptes économiques les plus importants est de toujours utiliser les capacités que l'on possède avant d'en construire d'autres : il faut amortir la force de vente que nous avons construite à grands frais, et qui nous a si bien servis. Sur la base de ce raisonnement, le produit est donc confié à la force de vente directe. On voit donc le résultat suivant : l'intérêt du produit était de le vendre *via* un réseau de détaillants (adéquation produit-cible-réseau), mais l'intérêt de l'organisation était de réutiliser les capacités existantes, et donc de vendre en direct. Cette décision entraîne inévitablement des résultats commerciaux médiocres, car au sein de la force de vente, le nouveau produit est désormais en concurrence avec les produits existants, souvent plus intéressants pour les commerciaux en termes de marges et de commissions.

Cet impératif d'utilisation de la capacité existante impose une contrainte très forte aux acteurs en place dans leur choix de configuration de leur RPV. Elle est la source d'un handicap de ces acteurs face aux start-up qui, elles, partent d'une page blanche pour configurer les leurs. En situation continue, ce handicap n'est pas très important et, au contraire, disposer de ressources existantes est même souvent un avantage. Mais en situation de rupture, les ressources dont on a besoin sont différentes. L'acteur en place se trouve donc obligé, au nom d'une bonne gestion, d'utiliser des ressources inadaptées à l'opportunité associée à la rupture. C'est notamment ce qui a handicapé les aciéries occidentales face aux Japonais et aux Coréens dans les années 1970.

La valeur actuelle nette (VAN)

Il y a, dans le film *Matrix* sorti en 1999, une réplique culte. Alors que le lieutenant de police vient indiquer à l'agent spécial Smith qu'il contrôle la situation suite à l'intrusion d'éléments subversifs dans un immeuble, Smith lui répond avec assurance : « Non, lieutenant, vos hommes sont déjà morts. » Il en va de même pour l'acteur en place en situation de rupture : son activité actuelle est déjà morte, mais il ne le sait pas encore.

Souvent, il aborde la rupture en se demandant le profit qu'il peut en tirer. L'hypothèse implicite qu'il fait est qu'il peut se permettre de ne pas y répondre. Plus spécifiquement, il raisonne comme si le scénario de base était celui de la continuation de son activité actuelle, et que les opportunités et menaces de la rupture étaient en quelque sorte indépendantes de cette activité.

Cette hypothèse se reflète souvent dans l'approche des projets et leur évaluation avec un outil comme celui de la valeur actuelle nette (VAN). Le principe de la VAN est d'actualiser les flux de trésorerie entrants et sortants associés à un projet envisagé (sur le principe que 1 euro reçu l'année prochaine vaut moins que 1 euro reçu cette année, le « moins » dépendant de l'intérêt que cet euro aurait rapporté). Si le total est positif, c'est-à-dire si on attend du projet qu'il rapporte plus qu'il ne coûte, il peut être lancé. L'hypothèse implicite que l'on fait cependant dans ce calcul est que « le reste » de l'entreprise continuera sans changement. En effet, une décision d'investissement représente toujours un choix entre deux possibilités : investir ou ne pas investir. Ne pas investir, en l'occurrence, n'est envisageable que si l'activité actuelle se maintient (hypothèse zéro), l'investissement proposé n'étant en quelque sorte qu'un ajout optionnel.

Or, en période de rupture, il se peut bien que l'hypothèse zéro ne soit pas un maintien, mais un effondrement de cette activité. Que devient alors la VAN si le projet considéré est le moins pire des options possibles, l'autre option étant la disparition de l'entreprise ? Dit autrement, le calcul de la VAN d'un projet de rupture est réalisé avec un coût d'opportunité erroné, très largement sous-estimé en l'occurrence, ce qui peut conduire à des décisions contraires à l'intérêt de l'entreprise, sans même parler de la difficulté qu'il y a à identifier correctement des flux futurs de trésorerie[8]. Comme dans Matrix, l'activité actuelle de l'entreprise est déjà morte, mais l'entre-

8. Nous n'abordons même pas ici la question de la valeur résiduelle avec l'hypothèse habituelle, mais tellement absurde en situation de rupture, que l'activité produira un retour à l'infini.

prise n'en a pas conscience en vertu du fameux décalage évoqué plus haut par Toynbee.

L'orientation concurrentielle

L'orientation concurrentielle est un autre principe de bonne gestion. La stratégie est d'ailleurs le plus souvent conçue comme une activité en relation avec les concurrents. Il s'agit de suivre ses concurrents et de répondre à leurs initiatives.

Nous avons vu que dans les années 1980, Fuji commence à disputer le marché américain à Kodak. L'entreprise japonaise gagne une manche décisive lorsqu'elle obtient le sponsoring des Jeux olympiques de 1984 qui se déroulent à Los Angeles. La notoriété qu'elle acquiert à cette occasion lui ouvre les portes des distributeurs de tout le pays et elle gagne rapidement des parts de marché. C'est le début de la fameuse « guerre » entre Fuji et Kodak. Elle durera une quinzaine d'années et mobilisera toute l'attention et l'énergie de Kodak, déterminé à ne pas céder de terrain. En pratique, elle détournera l'attention de Kodak de son vrai enjeu stratégique, la disparition inéluctable de la photo argentique.

En situation de rupture, l'obsession concurrentielle peut ainsi être une gigantesque distraction : l'acteur en place se focalise sur les concurrents actuels et ignore les futurs concurrents, ceux-ci étant en dehors de son réseau de valeur, et donc en dehors de son « écran radar ». Apple a vécu la même mésaventure : jusqu'en 1991, Apple considérait que son principal concurrent était IBM. Microsoft était à l'époque un fidèle partenaire avec lequel il travaillait étroitement sur le Macintosh. Lorsque Microsoft annonce la sortie de Windows, Apple prend conscience qu'il a totalement ignoré la menace que représentait Microsoft. Il pensait que la concurrence se définissait en termes de fabricants d'ordinateurs, alors qu'elle se définit à partir de cette époque en système d'exploitation. Ce risque a bien été identifié par le champion canadien de hockey Wayne Gretzky, qui a déclaré : « Je vise où le palet va être, pas où il était[9]. »

---

9. « *I skate to where the puck is going to be, not where it has been.* »

Le recrutement

La construction et l'évolution d'une culture et d'une identité sont des sujets à part entière qu'il n'est pas dans l'objet de ce livre de traiter[10]. Il faut néanmoins aborder la question du recrutement qui joue un rôle important dans l'innovation. Une des façons dont la culture se crée et évolue, en effet, est par le recrutement. On retrouve ici la thèse de Christensen : les ressources, et donc les ressources humaines, déterminent ce qu'une organisation va être capable et incapable de faire.

La culture est un ensemble de références partagées par un groupe. Ces références sont plus ou moins explicites, mais elles servent de bases aux décisions, constituant ainsi les valeurs que nous avons évoquées avec le modèle RPV.

Un des articles de foi enseigné dans toutes les écoles de commerce est que les entrepreneurs doivent laisser progressivement la place à des managers professionnels dès lors que la firme a commencé à grandir. Nous l'avons vu, c'est hélas le plus sûr moyen de remplacer l'élite créative par une minorité dominante.

Nous avons évoqué comment les microdécisions déterminent la stratégie d'une entreprise. La plus importante des microdécisions est le recrutement, en particulier le recrutement de personnes juniors.

Je discutais récemment avec un entrepreneur dont la start-up est désormais en forte croissance et qui a déjà atteint la centaine d'employés. L'un de ses principaux soucis, me disait-il, est d'arriver à conserver la culture initiale et à éviter que celle-ci ne se dilue, ce qui ne va pas de soi quand les recrutements se succèdent à bon rythme. Rien n'est plus important en effet : on dit souvent que le poisson pourrit par la tête, mais ce n'est pas toujours vrai. Souvent, il pourrit par les pieds, un syndrome qu'on pourrait appeler « syndrome de Gletkin ».

Gletkin est le commissaire politique qui interroge le camarade Roubachoff dans *Le Zéro et l'Infini*, le célèbre roman d'Arthur Koestler. Roubachoff est un révolutionnaire aguerri. Il fait partie de la vieille garde, celle qui a connu l'opposition, renversé le tsar et créé

10. Un des ouvrages de référence en anglais est le suivant : Edgar H. Schein, *Organizational Culture and Leadership*, San Francisco, Calif, John Wiley & Sons, 2010, 4e éd.

le nouveau régime soviétique en 1917. Lors des purges des années 1930, il est arrêté et condamné comme traître. Gletkin, lui, était à peine né lors de la Révolution. Il est arrivé après, quand le régime avait définitivement écrasé toutes les oppositions et s'était solidement installé, après les périodes troubles des débuts. Il n'a que faire de la vieille garde, se montre impitoyable face à Roubachoff, et se moque du passé. Seul le présent l'intéresse. Il considère que son devoir est de défendre la révolution, ou plus précisément le régime qui en est issu. Le pouvoir, sans rapport avec ses propres mérites, que lui donne ce régime lui permet d'être impitoyable dans la poursuite de sa mission.

Il en va ainsi des entreprises. À leur création, elles sont animées d'un esprit entrepreneurial partagé par l'équipe créatrice et les premiers employés. Une culture se développe, diffuse et implicite, mais souvent très forte. C'est l'époque pionnière. L'entreprise est une et indivisible. L'action de chacun est facilement reliée à celle de l'ensemble. Puis l'entreprise grandit, elle doit recruter. Si la croissance est forte, le recrutement est important et il est d'autant plus difficile de maintenir la culture originelle. Le lien avec l'ensemble, surtout avec le passé, se perd. Souvent cette perte est rationalisée : il faut en effet passer d'une culture entrepreneuriale à une culture managériale ! Peu à peu, les petits Gletkin font leur apparition un peu partout. Jeunes diplômés, bardés de certitudes et de modèles cartésiens, ils jettent un regard peu amène sur les errements entrepreneuriaux du début, persuadés qu'eux apportent de vraies méthodes de gestion. C'est la période de rationalisation. L'entreprise devient bien gérée. Les petits Gletkin ont une motivation très différente des pionniers : ils se sentent investis d'une mission. Ils sont fiers de rejoindre une entreprise désormais prestigieuse, qui grossit rapidement et leur offre un pouvoir important malgré leur jeune âge et leur manque de légitimité. Sans lien avec les origines de l'entreprise, éloignés de son histoire et de sa culture initiale, qui ne les intéressent de toute façon pas, ils abusent rapidement de ce pouvoir qui leur est donné. Cet abus prend plusieurs formes : mépris des clients (leurs plaintes sont éludées : l'entreprise marche bien après tout), arrogance, mauvais traitement des fournisseurs, etc.

En pleine croissance, l'entreprise ne prend pas conscience que les petits Gletkin minent rapidement son succès en l'isolant de son écosystème. Dit autrement, le poisson ne pourrit pas que par la tête, et mon entrepreneur a bien raison de consacrer une partie importante de son énergie à conserver la culture d'origine.

Au fond, la question de l'identité est donc celle de la gouvernance de l'organisation et surtout celle du recrutement de son élite dirigeante. Quels cadres voulons-nous pour que la performance nécessaire ne rime pas avec cassure créative ? Au-delà, il s'agit de réfléchir à comment nous devons former et gérer ces cadres pour qu'ils ne soient pas des agents de domination et de contrôle, mais des agents de création au sein des entreprises qu'ils rejoignent. Cette question se pose à tous les niveaux de l'organisation, car les recrutements d'aujourd'hui déterminent en grande partie la stratégie de demain.

Clayton Christensen estime ainsi que le déclin de Sony résulte du retrait dans les années 1980 de son fondateur Akio Morita, un ingénieur, et son remplacement par une armée de diplômés de MBA rompus aux techniques du management conçu comme l'exploitation des capacités actuelles de l'entreprise par le contrôle et non comme l'exploration de capacités nouvelles[11]. Si l'on veut une organisation innovante, il est donc indispensable de réfléchir sérieusement au recrutement, à l'évaluation et à la formation de ses collaborateurs.

Résumé du chapitre

La cause du dilemme de l'innovateur est à rechercher dans ce qui motive les prises de décision à tous les niveaux de l'organisation, et en particulier les bases sur lesquelles les ressources (temps, argent, attention) sont allouées. Tous les préceptes d'une bonne gestion, qui fonctionnent bien en situation continue, conduisent à l'échec en situation de rupture. L'entreprise échoue donc non pas parce qu'elle est mal gérée, mais, d'une certaine façon, parce qu'elle est trop bien gérée. L'orientation client amène à favoriser les projets demandés

11. Christensen et Raynor, *The Innovator's Solution*, *op. cit.*

par les clients actuels aux dépens des projets pour les non-consommateurs, c'est-à-dire les clients futurs. Les outils financiers sous-estiment le coût d'opportunité en situation de rupture et incitent à utiliser des ressources inadaptées à l'opportunité considérée. L'orientation concurrentielle amène à concentrer ses ressources sur les concurrents d'aujourd'hui aux dépens de ceux de demain. Le besoin de contrôle et de prévision amène à favoriser l'investissement dans des projets certains aux dépens des projets incertains.

Quatrième partie

ÉVITER LA TRAGÉDIE

L'échec face à l'innovation de rupture n'est pas inéluctable et rien ne devrait empêcher une entreprise de tirer parti des ruptures auxquelles elle est confrontée. Dans cette quatrième et dernière partie, nous proposons un certain nombre de pistes pour ce faire. Dans le chapitre 9, nous abordons la réponse tactique, celle qui se situe au niveau du projet d'innovation. L'objet ici est de protéger celui-ci du reste de l'organisation durant sa période de gestation. En substance, il va s'agir de le loger dans une structure relativement autonome et d'éviter de lui appliquer des critères de performance correspondant aux activités déjà établies. Dans le chapitre 10, nous passons au niveau stratégique, celui de l'organisation, pour examiner comment celle-ci peut se doter d'une capacité d'innovation de rupture sur le long terme.

8

La réponse tactique : protéger le projet d'innovation de rupture

Comment permettre à un projet de rupture de réussir sans être asphyxié par l'activité actuelle ? Comment construire une entité qui soit réellement motivée par la poursuite d'une opportunité de rupture ?

Introduction

Nous abordons dans ce chapitre la réponse tactique, celle qui se situe au niveau du projet d'innovation. L'objet ici est de protéger celui-ci du reste de l'organisation durant sa période de gestation. En substance, il va s'agir de le loger dans une structure relativement autonome et d'éviter de lui appliquer des critères de performance correspondant aux activités déjà établies.

Nous avons vu que le modèle d'affaires d'une entreprise détermine quelles opportunités elle trouve attractives. Cela explique le « dilemme de l'innovateur » mis en lumière par Clayton Christensen, selon lequel une entreprise peut rester inactive face à une rupture qu'elle a pourtant parfaitement identifiée, que cette rupture soit de nouveau marché ou qu'elle soit « par le bas ». La raison est que le modèle d'affaires, qui repose pour fonctionner sur les ressources, processus et valeurs (RPV) uniques mis en œuvre par l'entreprise, rend les ruptures inattractives. Regardons maintenant quelles sont les implications de ce résultat en termes organisationnels.

Un modèle d'affaires est efficace si les RPV sont cohérents avec les deux autres composants du modèle, la proposition de valeur et le moteur de profit. Le point important ici est qu'un modèle d'affaires n'est pas désincarné. Ce n'est pas juste une liste de prix. C'est au contraire le reflet de ce qu'une entreprise est intimement. C'est la traduction de son identité et de comment elle fonctionne. Car si, au début, le modèle d'affaires détermine les ressources, processus et valeurs nécessaires à sa mise en œuvre, la relation s'inverse au cours du temps : les ressources, processus et valeurs finissent par déterminer les modèles d'affaires que l'on trouve attractifs. Souvent d'ailleurs, il n'y a qu'un seul modèle possible pour un RPV donné. Cela explique donc pourquoi une entreprise ne réagit pas face à une rupture : celle-ci nécessiterait un nouveau modèle d'affaires, qui serait donc en conflit avec le modèle existant. Toutes les entreprises qui ont essayé de faire du low-cost en ont fait la douloureuse expérience. On voit donc combien l'échec face à une rupture n'est pas une question d'information, mais d'identité et de modèle d'affaires. Kodak était parfaitement au courant de la révolution numérique dans la photo, mais l'entreprise n'a jamais réussi à véritablement miser sur le numérique tant son ancien modèle, la vente de films argentiques, était rentable.

Changer de modèle d'affaires est donc difficile, cela revient à changer l'identité de l'entreprise ; il était possible pour Kodak d'avoir des ingénieurs travaillant sur la photo numérique, mais l'entreprise se voyait avant tout comme un chimiste vendant des films. Pour la même raison, avoir plusieurs modèles au sein d'une même entreprise est très compliqué, car cela supposerait d'avoir plusieurs systèmes de valeurs simultanément, et le conflit d'allocation de ressources serait vif. Par exemple, on imagine mal Mercedes, constructeur automobile haut de gamme, devenir un leader du low-cost (ses efforts en matière de petits véhicules, pourtant pas low-cost, témoignent de cette difficulté). Comment, dès lors, répondre aux ruptures qui nécessitent un nouveau modèle ? On sait que si on essaie de l'intégrer dans la structure actuelle aux côtés du modèle existant, il y aura conflit : généralement, l'ancien tend à étouffer le nouveau.

Loger l'innovation de rupture dans une entité séparée

Sur la base du constat que plusieurs modèles d'affaires ne peuvent coexister au sein d'une même structure, la solution préconisée par Christensen est simple : loger l'innovation de rupture dans une nouvelle structure, relativement isolée de la structure principale, et la laisser développer son modèle d'affaires, et donc ses propres ressources, processus et valeurs.

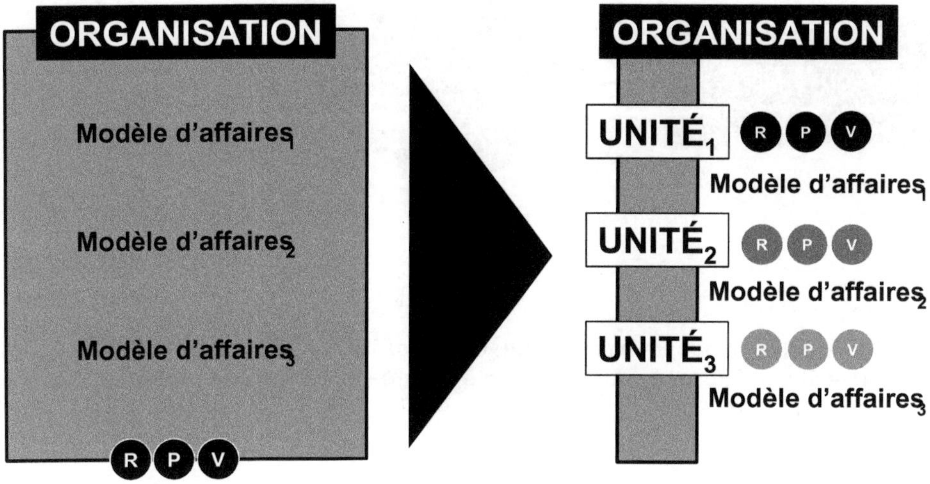

Figure 8.1 Séparer les entités selon leur modèle d'affaires pour en protéger le développement

C'est ainsi qu'en 1986, soit douze ans après son démarrage, le projet Nespresso a été séparé de Nestlé et est devenu une entité quasi indépendante. Tellement indépendante qu'à la fin, elle a dû se financer elle-même par un prêt bancaire tant la maison mère ne croyait plus au projet. C'est également l'objectif de E.ON, géant allemand de l'énergie, qui a décidé en 2014 de scinder son activité en deux :

d'une part, son activité actuelle de production d'énergie à base de centrales, représentant un modèle de production centralisé, et d'autre part, son activité future constituée des énergies nouvelles, représentant un modèle décentralisé. Google a pris la même décision en août 2015 avec la création d'Alphabet, qui a pour but de séparer l'activité actuelle (publicité sur Internet) des activités de rupture, comme son projet de voiture autonome ou ses drones.

En conclusion, face à une innovation, demandez-vous si elle constitue une rupture, c'est-à-dire si elle appelle un nouveau modèle d'affaires (nouveau marché ou low-cost). Si oui, logez-la dans une entité séparée. Sinon, elle peut rejoindre les unités d'affaires existantes.

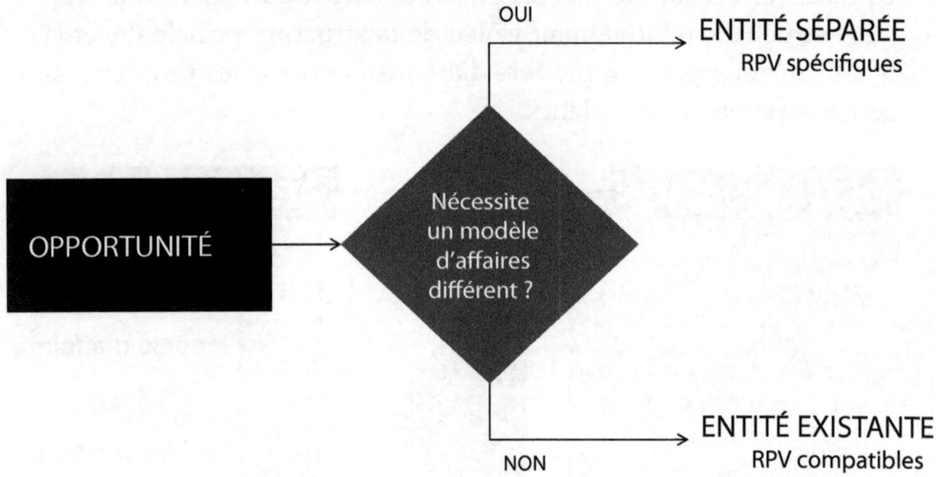

Figure 8.2 Une opportunité de rupture (nécessitant un modèle d'affaires différent) doit être logée dans une entité séparée de l'entreprise dotée de ses propres RPV

Une rupture par le bas réussie : Unilever au Brésil

Le cas d'Unilever au Brésil en 1996 est intéressant. Unilever était à l'époque un leader solide du marché des poudres détergentes avec une part de marché de 81 % grâce à trois marques haut de gamme. L'entrée récente de son concurrent Procter & Gamble bouscule cette position et l'encourage à étudier de nouvelles sources de croissance. L'une d'entre elles est le segment des consommateurs à faible revenu (LIC, *low income consumers*) dans la région du Nord-Est.

Le modèle RPV montre bien pourquoi il serait toutefois difficile pour Unilever de cibler le segment à faible revenu :

- En termes de ressources : Unilever a une structure de coûts très élevée car il met en œuvre des ressources pour faire des produits complexes et haut de gamme. Il s'appuie sur un réseau de distribution composé de grandes surfaces. Au contraire, le segment LIC nécessite des produits spécifiques, pas simplement une réduction de prix, et une distribution adaptée car les LIC ne fréquentent pas les supermarchés.
- En termes de processus : le segment visé est entièrement nouveau pour Unilever, il représente donc un haut niveau d'incertitude quant aux paramètres du projet : produit, prix, promotion, distribution, marque, etc., alors que l'entreprise est plus habituée aux changements incrémentaux sur des marchés connus. Il est nécessaire de créer de nouveaux produits, plus simples. La faible marge du segment visé est aussi en contradiction avec la culture de forte marge et l'allocation de ressources basée sur les marges ; le segment risque d'être défavorisé dans l'allocation de ressources.
- En termes de valeurs : Unilever offre habituellement des produits de haut niveau en termes de performance, vendus à prix élevé. Viser les LIC est une direction totalement nouvelle pour l'entreprise, car ces derniers ont besoin d'une bonne performance sur certains critères (par exemple, le blanc doit être parfait), mais à prix bas. Il faut donc que Unilever accepte de vendre des produits de qualité inférieure en certains points à ce qu'il vend habituellement, ce qui est loin d'être évident et suscite de fortes réticences internes. Les concurrents sur ce marché ne seraient pas les concurrents habituels comme Procter & Gamble, bien connus, mais plutôt des acteurs locaux moins connus. Obtenir des ressources du siège pour lutter contre eux pourrait s'avérer difficile, car la priorité de l'entreprise est bien P&G au niveau mondial.

Au final, pratiquement tous les paramètres RPV nécessaires pour viser le marché LIC sont en conflit avec ceux d'Unilever en 1996. En clair, Unilever n'est absolument pas en mesure de viser ce marché en l'état. L'abandon du projet est alors la décision la plus évidente.

Pourtant, ce n'est pas ce que choisit l'équipe locale, persuadée à la fois du potentiel de ce marché et de la capacité, malgré tout, de

Unilever à y réussir. Pour cela, l'équipe crée *ex nihilo* une nouvelle marque, Ala, et une nouvelle organisation, rattachée à Unilever, mais autonome, avec son propre RPV. L'intégralité de la chaîne de valeur est revue pour correspondre aux besoins du marché visé. Par exemple, pour abaisser les coûts de fabrication, l'usine spécialement conçue pour l'occasion utilise une méthode de séchage en plein air, profitant ainsi du climat chaud de la région. La lessive est vendue en petits paquets à usage unique, sous emballage plastique, car la lessive est faite au bord de la rivière et on doit pouvoir poser le sachet par terre sans qu'il se mouille. On pourrait ainsi donner de multiples exemples indiquant comment l'ensemble du concept produit a été repensé en fonction du segment visé.

Un bel exemple de marketing, mais, au-delà, une leçon en matière d'innovation de rupture illustrant l'intérêt qu'il y a de configurer des RPV afin de rendre attractive une opportunité qui ne l'était pas à l'origine[1].

Une rupture de nouveau marché réussie : Nespresso

Combien de temps Nestlé a-t-il mis pour développer et lancer avec succès sa machine à café Nespresso ? Un an ? Cinq ans ? Eh bien, non. La réponse, c'est : vingt et un ans. Parti d'une technologie licenciée à l'institut Battelle par Nestlé en… 1974, Nespresso ne deviendra rentable qu'en 1995. Il aura donc fallu 21 ans à l'entreprise pour « réussir » l'innovation Nespresso.

Durant cette période, Nestlé aura connu des problèmes techniques, et des échecs commerciaux (le produit a été lancé plusieurs fois, sur différents marchés avec des modèles économiques différents). Par exemple, l'une des premières tentatives de commercialisation vise les restaurants. L'idée est de vendre une petite machine espresso aux restaurants. Mauvaise cible, car le critère de performance n'est pas le bon : conçue pour de petits volumes, la machine offre un coût à la tasse de café très élevé, alors que les restaurateurs n'ont que faire d'une petite taille, mais font très attention au prix unitaire de la tasse, car ils

1. Les informations sur Unilever sont tirées de : Pierre Chandon et Pedro Pacheco Guimaraes, « Unilever in Brazil (1997-2007) », INSEAD, n° 04/2008–5188, 2009.

en produisent beaucoup. D'abord lancé au sein de Nestlé, le projet Nespresso est ensuite isolé dans une entité spécifique en raison de l'hostilité du reste de la société. Le projet ne cadre pas du tout avec le cœur de métier de Nestlé qui vend du café en sachets aux supermarchés, alors qu'il s'agit de vendre une machine à des particuliers. Il faut dire que le projet absorbe un budget important aux dépens des autres unités d'affaires engagées dans une concurrence féroce avec les autres producteurs de café en grains. Le projet ne tient, malgré ses échecs successifs, que grâce au soutien du PDG de la société. Mais sur quelles bases a-t-il pu conserver sa confiance au projet ? Était-ce rationnel ? Impossible de répondre, mais cela souligne combien le soutien de la direction générale est important pour un projet de rupture.

Jusque-là géré par des cadres « pur sucre » de Nestlé, le projet connaît une nouvelle vie lorsque Nestlé se décide à recruter un outsider pour le diriger. Le choix se tourne vers Jean-Paul Gaillard, celui qui avait lancé la marque de vêtements de Marlboro. Quelqu'un qui ne connaît donc rien au café, mais qui a l'expérience de lancer une affaire radicalement différente du cœur de métier de son entreprise, et qui n'est pas prisonnier des schémas de pensée de Nestlé (qui par ailleurs produit des bénéfices réguliers comme une horloge suisse année après année : Nestlé est une société très, très bien gérée ; la longueur du processus d'innovation ne peut s'expliquer par une éventuelle incompétence de Nestlé).

Les études de marché sont négatives, personne n'en veut vraiment (un grand classique des innovations de rupture), mais Gaillard les ignore, et lance finalement le produit avec le positionnement que nous lui connaissons aujourd'hui. Et cela finit par marcher. Ajouter à cela l'idée du Club Nespresso, qui positionne le produit plutôt haut de gamme et permet un marketing direct aux clients, et l'ouverture de magasins gérés directement par Nestlé, on a là une accumulation d'innovations qui montrent les risques pris, et surtout la mise en place de RPV spécifiques dont certains sont totalement nouveaux pour Nestlé, comme la conception de machine et la distribution du café par points de vente[2].

2. Les information sur Nespresso sont tirées de : Joyce Miller et Kamran Kashani, « Innovation and Renovation: The Nespresso Story », IMD Case study, n° IMD046, 2003.

Capacité des acteurs en place à tirer parti d'une rupture

On le voit avec les exemples de Unilever et Nestlé, les acteurs en place sont parfaitement capables de tirer parti d'une rupture et d'éviter le dilemme de l'innovateur en se « disruptant » eux-mêmes. Il existe d'autres exemples : nous avons cité Renault avec la marque low-cost Dacia, Bouygues Télécom avec B&You, Intel avec le Celeron, GE avec son électrocardiogramme portable MAC400. On peut également citer Amazon avec son offre de liseuses qui pouvait compromettre sa librairie en ligne. Il faut noter que dans tous les cas, le soutien de la direction générale a été crucial pour le projet de rupture. Sans ce soutien, il n'a pratiquement aucune chance.

Quatre erreurs à éviter quand on gère un projet de rupture

Loger l'innovation de rupture dans une entité séparée est une condition nécessaire, mais pas suffisante, pour sa réussite. Bien que séparé très tôt du reste de l'entreprise, Nespresso a néanmoins mis très longtemps et connu deux échecs de lancement avant de réussir. On peut distinguer quatre erreurs principales, mais il y en a beaucoup d'autres, à éviter pour donner toutes ses chances au projet.

Essayer d'aller trop vite

L'une des erreurs cardinales de l'innovation de rupture est de chercher à « passer à l'échelle » trop vite. Dans la plupart des cas, cela condamne le projet à l'échec.

Le dogme du passage à l'échelle rapide a deux origines. Pour les entreprises existantes, il résulte d'un impératif de taille lié au besoin de croissance. Nous l'avons vu plus haut[3], plus la taille de l'entreprise est grande, plus le marché sur lequel elle devra se lancer devra être important pour correspondre à ses objectifs de croissance. Or par définition, il n'existe pour ainsi dire pas de marché en émergence

3. Voir l'asymétrie de motivation p. 60.

qui ait de telles dimensions. Tout nouveau marché correspondant à une rupture commence par être très petit (à supposer qu'il y ait un marché, ce qui n'est jamais garanti).

Le résultat est que lorsqu'elle considère un investissement dans l'un de ces marchés émergents, la grande entreprise poussera pour que les projets innovants atteignent très vite une taille suffisante pour contribuer de façon significative à leur croissance visée. Des objectifs très ambitieux en termes de montée en régime (essentiellement par le chiffre d'affaires) seront donc donnés aux équipes en charge des projets.

Or, cette approche cache une croyance, fausse, selon laquelle le développement d'un projet d'innovation de rupture est linéaire. Non seulement tous les nouveaux marchés commencent par être très petits, mais ils ont également tendance à le rester assez longtemps. Il y a donc une discontinuité fondamentale dans la naissance d'une innovation : d'abord, une première période d'incubation incompressible, et ensuite, si cette incubation est réussie, un passage à l'échelle ouvrant sur la croissance.

Pour comprendre pourquoi, il faut revenir au processus d'innovation. Nous avons vu, au travers de l'exemple des kits photoélectriques pour l'Afrique, qu'innover, c'est constituer un réseau de valeur rassemblant entre autres fournisseurs, clients et partenaires ayant intérêt à l'innovation. C'est un processus lent et fastidieux, qu'il est difficile d'accélérer[4].

C'est valable également dans le monde de l'Internet, souvent qualifié à tort de virtuel. Bien souvent en effet, on croit que parce qu'il est sur Internet, un projet peut être entièrement virtuel : il suffit de monter le site, de faire beaucoup de publicité et voilà, la dynamique est lancée. Or, il n'en est rien. Airbnb, le site de partage d'appartements, a ainsi pu démarrer parce que ses fondateurs sont allés démarcher, un à un, les propriétaires d'appartements. Un à un ! Ça paraît peu gratifiant pour un entrepreneur du Net, mais ce contact avec les propriétaires leur a appris plein de choses sur ce qui allait

4. Sur la construction de nouveaux marchés, on pourra regarder avec intérêt la théorie de l'effectuation, introduite dans mon ouvrage : Philippe Silberzahn, *Effectuation: Les Principes de l'entrepreneuriat pour tous*, Pearson, 2013.

marcher et ce qui n'allait pas marcher. Frédéric Mazzella, fondateur du service de covoiturage BlaBlaCar, a commencé en effectuant lui-même du covoiturage et en passant énormément de temps avec les premiers membres de son réseau naissant pour bien comprendre ce qui les motivait. Rien ne remplace ces contacts approfondis avec les premiers clients d'un projet entrepreneurial, car ils apportent une information qu'aucune étude de marché ne révélera jamais, et il ne faut pas hésiter à y investir énormément de temps et d'énergie, et éviter absolument de le sous-traiter.

On comprend mieux pourquoi la phase initiale d'un projet est longue, et pourquoi elle ne produit pas vraiment de chiffre d'affaires pendant un certain temps. La progression est essentiellement qualitative : très peu de clients, mais un affinage de l'offre sur la base de l'expérience avec les rares premiers clients. Essayer de la raccourcir, c'est bâtir le projet sur du sable[5].

C'est l'une des raisons de l'échec des projets d'innovation des grandes entreprises : ayant besoin de générer un chiffre d'affaires important pour contribuer à leur croissance, celles-ci auront tendance à pousser l'innovation en donnant au projet des objectifs très ambitieux pour atteindre la vitesse de croisière le plus vite possible. Plus les objectifs seront ambitieux, plus les responsables du projet auront tendance à brûler les étapes pour aller plus vite… à l'échec final.

Au final, un projet d'innovation doit démarrer lentement, en étant, pour reprendre l'expression de Clayton Christensen, patient pour le chiffre d'affaires, mais impatient pour le bénéfice : la viabilité du projet, c'est-à-dire la capacité à montrer que ce qu'il offre intéresse des gens qui sont prêts à payer pour cela, importe plus que la croissance de ce nombre de gens dans la phase initiale. C'est seulement après, lorsque les différents éléments du modèle d'affaires auront été déterminés et que l'acquisition de parties prenantes prend de l'ampleur, que les feux peuvent être poussés.

---

5. Cette section est basée sur l'excellent article (en anglais) de Paul Graham (Y Combinator) « Build things that don't scale » accessible à l'adresse : http://paulgraham.com/ds.html et la vidéo d'Oussama Amar (en français) qui en est tirée, accessible à l'adresse : http://blog.thefamily.co/post/81378391314/koudetat-do-things-that-dont-scale.

De cela il résulte que la phase initiale d'un projet d'innovation de rupture (en gros, jusqu'au moment où le modèle d'affaires est déterminé) peut durer très longtemps. L'innovation de rupture n'est donc pas un jeu statistique, elle n'est pas non plus une suite d'essais-erreurs, mais beaucoup plus la construction patiente d'un réseau de valeur, une partie prenante à la fois. Il est parfaitement possible que le projet ne produise pas grand-chose en termes de chiffre d'affaires pendant longtemps, mais il serait suicidaire de l'interrompre à cause de cela. C'est un peu comme un viaduc : vous devez construire dix-sept piliers ; vous en construisez seize, et à ce moment-là, le financier de l'entreprise arrive et dit : « J'ai financé seize piliers, et pas une seule voiture n'a encore pu traverser le viaduc, on arrête tout. »

Singer l'entrepreneuriat en « échouant vite »

La complexité du processus d'innovation et l'incertitude à laquelle sont confrontés les entrepreneurs ont posé depuis longtemps la question de l'approche générale du processus entrepreneurial. Une approche qui se développe ces derniers temps est celle d'échouer vite (« *fail early* »). En substance, l'idée est que, comme on ne peut pas trop savoir où l'on va, il faut essayer quelque chose, voir rapidement si ça marche et si ça ne marche pas, abandonner et essayer autre chose. Cette idée est séduisante : elle appelle à une ouverture d'esprit et flatte l'entrepreneur en mettant en avant sa capacité à prendre de difficiles décisions. Elle est toutefois dangereuse car, comme souvent dans ces cas-là, elle repose sur une conception implicite, mais erronée, du processus d'innovation, que ce soit pour l'entrepreneur ou pour l'entreprise existante.

Comme nous venons de le voir, l'innovation est un processus social dans lequel l'action de l'innovateur (ou de l'entrepreneur) consiste à créer un réseau de valeur constitué d'un ensemble d'acteurs (clients, fournisseurs, préconisateurs, partenaires, régulateurs, etc.) qui deviennent parties prenantes du projet. La nature sociale de la démarche de l'innovateur en fait donc un processus extrêmement complexe et fastidieux. Il faut convaincre les parties prenantes de s'engager dans le projet une à une.

En fait l'image du viaduc que nous avons utilisée plus haut n'est pas si bonne que cela car au moins, quand on construit un viaduc, on sait où l'on va et combien de piliers il reste à construire. Dans le processus d'innovation, c'est rarement le cas, et ce n'est que lorsqu'il est terminé que tout est clair.

Plus le projet est un projet de rupture, plus il se développe dans un environnement incertain. Dans ce type d'environnement, la démarche d'essais-erreurs fonctionne mal. Quelque chose peut échouer, mais on peut avoir intérêt à continuer néanmoins : Nespresso a ainsi connu deux échecs de lancement avant de réussir la troisième fois. Si Nestlé avait appliqué la théorie du « *fail early* », Nespresso n'aurait pas vu le jour.

Le risque avec le credo « échouer vite pour essayer autre chose » n'est donc pas seulement d'abandonner trop tôt, mais surtout d'abandonner pour de mauvaises raisons sans pouvoir tirer les leçons d'un premier échec[6].

Essayer d'être le premier

La théorie de la rupture permet d'éclairer d'un jour nouveau la question de l'avantage au premier entrant (*first mover advantage*). L'avantage au premier entrant est une théorie qui stipule que le premier entrant sur un nouveau marché bénéficie d'avantages lui permettant d'en prendre le leadership et de résister efficacement à l'entrée de concurrents tardifs. Cette théorie forme notamment la base conceptuelle de l'approche dite « océan bleu[7] ». En énonçant que le principal facteur de compétitivité est l'ordre d'arrivée sur un marché, elle recommande d'aller le plus vite possible pour y être le premier. Or, elle souffre d'un défaut majeur : elle n'est que rarement confirmée par les faits. Beaucoup d'acteurs leaders dans leur domaine ont été des entrants tardifs : Procter & Gamble dans les couches-culottes jetables, Gilette dans les rasoirs jetables, Google dans les moteurs de recherche, Apple dans la téléphonie, pour ne citer que quelques exemples.

6. Il faut également identifier ceux qui n'ont pas intérêt à la réussite de l'innovation, qui seront les premiers à mettre fin au projet au nom du principe d'échouer vite.
7. W. Chan Kim et Renée Mauborgne, *Stratégie Océan Bleu, Pearson, 2015, 2e éd.*

Les travaux de Christensen ont mis en lumière le fait que le critère principal de réussite dans le cas d'une rupture est en fait celui de la motivation de l'acteur considéré. Par motivation, on entend l'adéquation du modèle d'affaires de l'acteur à l'opportunité représentée par l'innovation de rupture. L'industrie horlogère suisse a inventé la technologie quartz, mais elle ne s'y est pas du tout intéressée : elle a en effet bâti sa réputation d'excellence sur la mise au point de mécanismes d'horlogerie et tout cet investissement et cette réputation auraient été réduits à néant par l'adoption du quartz. Dit autrement, le quartz n'était pas conforme aux ressources, processus et valeurs de l'industrie suisse, qui n'avait donc aucun intérêt pour elle.

Au final, la réussite sur un marché en rupture n'est pas affaire d'ordre d'arrivée : certains leaders sont arrivés en premier, comme Nespresso, et beaucoup d'autres sont arrivés tardivement. La réussite dépendra de la compatibilité entre l'opportunité et le modèle d'affaires de l'entreprise confrontée à la rupture.

Mal mesurer la progression du projet de rupture

Une entreprise bien gérée mesure sa performance, et la mesure de progression du projet d'innovation de rupture est extrêmement importante. Dans ce domaine, deux erreurs peuvent être commises. La première, c'est de gérer le projet comme un projet d'innovation continu. Or, un projet d'innovation de rupture est fondamentalement différent d'un projet d'innovation continue. Le gérer de la même manière, c'est le condamner rapidement à l'étouffement. Il faudra donc développer un système de mesure spécifique pour en gérer la progression. Une approche pourra consister à surveiller l'acquisition de nouvelles parties prenantes, évaluées en fonction de la nature du projet (dans le cas du site Airbnb, les parties prenantes critiques étaient les offreurs d'appartements).

La seconde erreur, c'est d'abandonner toute velléité de gestion au motif que « l'innovation, ça ne se gère pas ». Lorsqu'une entreprise prend conscience que sa volonté de mesure de performance asphyxie l'innovation, elle peut être en effet tentée de créer un espace d'innovation auquel on épargne toute mesure. On crée donc une entité innovation, et on la laisse expérimenter en espérant qu'il en sorte de nouveaux produits et services. Or là encore, cela reflète une incompréhension du processus d'innovation.

En effet, on risque de retrouver le syndrome du PARC de Xerox (Palo Alto Research Center) à l'origine de certaines des plus grandes inventions du monde de l'informatique actuel (souris, interface graphique, réseau Ethernet, notamment) mais qui n'en a jamais commercialisé aucune.

En conclusion, l'innovation de rupture, ce n'est pas quelque chose qui n'est pas évaluable ni mesurable ; simplement, c'est quelque chose qui s'évalue et se mesure *différemment* de l'innovation continue et *a fortiori* de l'activité actuelle. La nature particulière et unique de l'innovation de rupture fait qu'il faudra vraisemblablement développer des critères de mesure propres à chaque projet.

Qui doit piloter votre projet de rupture ?

Une des erreurs que font souvent les entreprises qui souhaitent développer des programmes d'innovation est de raisonner uniquement en termes d'organisation et de processus : comment faire, comment s'organiser, etc. C'est oublier que, comme nous l'avons souligné, l'innovation est un processus social et que la dimension humaine de ce processus est primordiale. Dès lors, la question importante qui se pose est la suivante : qui doit piloter ces projets d'innovation ?

Normalement, les ressources humaines recrutent sur la base des compétences et d'un historique de réussite des candidats. On recherche quelqu'un qui sait faire preuve de leadership, ou qui possède telle ou telle expertise. Pour un nouveau projet intrapreneurial, on souhaitera diminuer le risque en prenant un profil orthodoxe, c'est-à-dire quelqu'un que l'on connaît bien et qui a progressé sans accident dans l'organisation.

Or, ce faisant, on oublie que les circonstances d'un projet intrapreneurial sont très importantes. Si le projet est en continuité avec le modèle d'affaires de l'entreprise, les compétences nécessaires seront plutôt de l'ordre de l'exécution et de la conformité avec ce modèle. C'est par exemple le cas pour une entreprise française qui décide d'ouvrir une filiale en Italie : il s'agit bien d'un projet intrapreneurial (on crée une nouvelle entité dans des conditions assez nouvelles au sein d'une entité existante) mais l'offre et la demande restent *grosso modo* les mêmes et surtout, le modèle d'affaires ne change pas.

Si le projet est en rupture, c'est complètement différent. Il sera très probablement parsemé d'impasses, de retours en arrière, de pivots comme on dit désormais, au cours desquels il faudra se regrouper et repenser le modèle. Dans ces conditions, recruter quelqu'un qui n'a jamais connu ce type de situation d'ambiguïté, de blocage et de doute qui appelle à une grande créativité, c'est prendre le risque que le projet s'effondre à la première difficulté. On se retrouve exactement dans le cas de la White Star Lines qui avait choisi le capitaine Smith pour commander le voyage inaugural du *Titanic* précisément parce qu'au cours de ses quarante années de carrière, celui-ci n'avait jamais eu d'accident. Quarante années sans accident renforcent le sentiment que rien ne peut vous arriver, mais surtout vous prive de l'expérience même d'un accident et de situations difficiles. Lorsque la difficulté survient, c'est d'autant plus dangereux. Ce n'est pas un problème de compétence, mais d'expérience et d'attitude. Paradoxalement, recruter un profil orthodoxe pour réduire le risque aboutit en fait à augmenter celui-ci. On retrouve une nouvelle fois la notion d'effet pervers : ce qui marche en situation continue conduit à l'échec en situation de rupture.

Pour un projet de rupture, on recherchera donc au contraire quelqu'un qui, loin d'avoir été un bon élève a qui tout a réussi parce qu'il ou elle a bien su répondre aux questions posées dans un cadre clair, aura plutôt eu le courage d'aller chercher des situations compliquées, d'y avoir parfois rencontré l'échec, d'y avoir gagné l'expérience de l'incertitude et d'y avoir perdu son arrogance.

La difficulté, bien sûr, est que cette perle rare n'est souvent pas trouvable au sein de l'entreprise lorsqu'on en a besoin : c'est le moment où les années de gestion des « talents » ayant consisté à minutieusement éliminer ceux qui n'étaient pas des bons élèves se paient cher. Il faut alors chercher dehors… ce qui rend le projet plus fragile, le nouvel arrivant n'ayant pas de connaissance de l'organisation.

Résumé du chapitre

L'innovation de rupture nécessitant un ensemble de ressources, processus et valeurs (RPV) spécifiques différent des celui actuellement déployé par l'entreprise, on augmentera considérablement les chances de succès d'un projet de rupture en logeant celui-ci dans une entité pour laquelle on aura défini un ensemble de RPV adaptés à l'opportunité poursuivie.

9

La réponse stratégique : créer une capacité d'innovation de rupture

Comment créer une organisation plus systématiquement innovante, capable de tirer régulièrement parti des ruptures de son environnement ?

L'effet trompeur d'une innovation réussie : le cas du Motorola RAZR

L'initiative individuelle arrive parfois à passer au travers du carcan mis en place au nom des principes de bonne gestion. En 2004, Motorola, l'un des pionniers de la téléphonie mobile, est sur la pente du déclin. Ses téléphones sont peu innovants, et compliqués à utiliser. L'entreprise américaine s'est fait détrôner du leadership mondial par Nokia depuis 1993 et n'a jamais réussi à revenir dans la course. Soudain, l'entreprise lance un téléphone qui va connaître un succès fulgurant, le RAZR (prononcer Razor). Il doit principalement son succès à sa grande finesse, sans équivalent pour l'époque, et il devient presque un objet symbole.

Comment une entreprise à bout de souffle a-t-elle pu sortir un produit aussi innovant ? Selon l'histoire officielle de l'époque, le RAZR est le produit d'un redressement de l'entreprise soigneusement planifié… La réalité est quelque peu différente.

Le développement du RAZR a en fait été lancé par un ingénieur et son équipe, et le projet a été… rejeté par la direction de l'entreprise. Pourquoi cela ? Parce qu'il n'était pas assez sophistiqué. Très poussé sur le plan du design, il était en revanche relativement pauvre en termes de fonctions. Lancer un tel produit était totalement contraire à la culture de Motorola, une entreprise d'ingénieurs à la pointe de la technologie depuis 75 ans. Le RAZR était donc bien en rupture avec le modèle dominant en introduisant un nouveau critère de performance et, sans surprise, il a été rejeté par l'entreprise.

Mais l'ingénieur ne s'en est pas laissé compter : il est allé en Chine, seul, trouver un sous-traitant, et est retourné voir la direction, …avec plus de succès. Il finit par convaincre celle-ci de lancer le projet à contrecœur, mais elle n'attend pas grand-chose du projet. S'il en fallait une preuve, elle est fournie par son PDG, Ed Zander. Alors que l'entreprise connaissait de grosses difficultés dans ce secteur, au point de songer sérieusement à céder une activité considérée comme sans avenir, le PDG donne une conférence aux analystes financiers en septembre 2004, un mois seulement avant la sortie du RAZR… et ne le mentionne même pas ! Alors qu'il ne manquera pas de se pavaner ensuite avec pendant des mois.

Dans le cas de Motorola, l'initiative individuelle a masqué, pour un temps, la perte de capacité créative de Motorola. Ce rebond incroyable lui redonnera de l'oxygène pour un temps, mais il ne suffira pas et l'entreprise reprendra son déclin pour être revendue une bouchée de pain à Google en 2011.

Des réussites inattendues comme celle du RAZR n'arrivent pas tous les jours, et comme le cas de Motorola le suggère, ne suffisent pas à sauver une entreprise dont la capacité créative a été profondément détruite. La question est donc de savoir comment l'entreprise peut systématiser ce type d'innovation, c'est-à-dire comment elle peut créer une capacité d'innovation de rupture, soit un système qui la rende fréquente.

Soyons honnêtes : il n'y a pas de solution miracle. « Comment rendre mon organisation plus innovante » est une sorte de quête du Graal...

Mais une chose est sûre, et cette observation résume cet ouvrage en quelque sorte : *tout ce qui ne tient pas compte du mécanisme d'allocation de ressources et plus généralement des facteurs qui motivent la prise de décision à tous les niveaux de l'entreprise est voué à l'échec*. L'innovation restera une incantation.

Commençons par passer en revue ce qui ne marche pas...

Ce qui ne marche pas

Poser le problème en termes de créativité individuelle

Les mythes ont la vie dure et parmi les plus durables, figure celui qui explique le manque d'innovation par le manque de créativité des collaborateurs. Nous ne sommes pas assez innovants ? Créons une boîte à idées où chacun pourra faire part de l'idée qui améliorera nos performances, voire transformera notre entreprise en leader dans son domaine ou, mieux encore, lui ouvrira de nouveaux horizons. J'ai ainsi travaillé récemment avec deux grandes entreprises, l'une dans un secteur technologique, l'autre dans celui du service, qui avaient mis en place un tel système. Bien sûr, l'informatique permet désormais de créer des boîtes à idées ultra-sophistiquées : un système à base de Web 2.0 au design sympa ou l'administrateur peut suivre les suggestions en temps réel, organiser des votes, classer les suggestions, calculer des statistiques, etc.

La boîte à idées est indéniablement intéressante à plusieurs égards : d'abord, elle permet effectivement de collecter des idées intéressantes qui peuvent dormir au sein des équipes. Ensuite, elle peut créer un sentiment collectif autour de l'innovation en montrant clairement que l'entreprise souhaite innover et qu'elle compte sur ses employés pour cela. L'effet d'émulation peut aussi jouer au niveau individuel comme au niveau des départements et unités d'affaires (Vous avez vu la compta ? Pas une idée depuis un mois !).

Malheureusement, les entreprises découvrent rapidement les limites d'un tel système. Premièrement, l'expérience montre que la plupart des idées soumises entrent dans la catégorie des améliorations incrémentales. Ces petits plus qui améliorent la performance de l'entreprise de manière limitée : mettons des chaussons en tissu sur nos chaussures quand nous entrons chez nos clients pour ne pas salir la moquette. Ce n'est pas inintéressant, on est loin de la rupture.

Deuxièmement, les idées sont souvent du réchauffé : elles traînaient depuis des années dans un placard. Certes, le système offre une chance qu'enfin elles deviennent réalité, mais là encore, il est peu probable que l'entreprise en tire un avantage révolutionnaire.

Troisièmement se pose le problème de la gestion : comment classer les idées ? Comment décider lesquelles poursuivre, et sur quels critères ? Le pire qui puisse arriver dans un tel système est le manque de suivi de la part de la direction. Une grande entreprise ayant récemment organisé un grand concours d'idées à l'échelle internationale m'avouait récemment n'avoir aucun plan – aucun ! – pour savoir quoi faire des idées une fois la cérémonie terminée. Pour ceux qui auront soumis des idées, ne pas les voir suivies est une garantie de démotivation et de désillusion, le résultat étant pire qu'avant l'instauration de la boîte à idées. En particulier, si les critères de décision ne sont pas clairs et acceptés. Le risque pour la direction est de perdre toute crédibilité et de faire apparaître la boîte à idées comme une simple opération de communication interne. Outil collectif, la boîte ne peut fonctionner que si une gouvernance appropriée est mise en place et si les idées soumises sont effectivement mises en œuvre.

Mais au-delà, la boîte à idées reste un mythe. Ce dont souffrent les entreprises n'est pas le manque d'idées. Les équipes en regorgent et en produisent chaque jour. Ce dont les entreprises souffrent, c'est d'étouffer systématiquement ces idées. C'est donc un problème de management, pas d'idée : comment traduire la créativité individuelle, qui existe toujours et ne demande qu'à se réveiller, au niveau collectif et surtout en des réalisations concrètes ? À cet égard, la boîte à idées est un outil intéressant, mais il est illusoire de penser qu'elle résoudra le problème d'innovation de l'entreprise : elle ne travaille que sur le symptôme, pas la racine du mal dont souffre le patient. Au mieux elle n'est qu'une composante – probablement mineure – d'un système que l'entreprise doit mettre en place pour mieux innover. Comme me confiait le responsable de l'innovation d'une société de services : « Tout le monde sait qu'il faut innover, plein d'idées ont été soumises au lancement du programme, et puis voilà, rien ne se passe derrière et chacun est retourné à son quotidien... » En créant sa boîte à idées, cette entreprise a accompli le premier et le plus facile pas d'un long cheminement pour devenir innovant, et les difficultés ne font que commencer...

Créer une entité « innovation »

La réaction fréquente d'une entreprise confrontée au manque d'innovation est de créer une entité « innovation » chargée de lancer des initiatives dans ce domaine. Très souvent, une telle initiative, lancée en fanfare, s'étiole et l'entité finit par disparaître. Le cas d'ODD (*Opportunity Discovery Department*), l'entité innovation d'AT&T, est emblématique. Créé en 1996, très actif et très productif, ayant bien anticipé plusieurs des innovations fondamentales des télécoms, ODD n'aura finalement pas d'impact sur la stratégie de l'entreprise. Le groupe sera dissous en 1998, deux ans après sa formation et AT&T sera racheté quelques années plus tard pour une bouchée de pain au terme d'un long déclin[1].

ODD est un exemple assez typique de ce qui arrive aux entités « innovation » au sein des grandes entreprises. Il y a plusieurs raisons à ces difficultés : D'une part, elles sont victimes du syndrome de Cassandre ; elles ont conscience des difficultés à venir, notamment que le cœur de métier est voué à la disparition, mais elles ne sont pas entendues. Souvent c'est parce que le cœur de métier produit encore des revenus importants et qu'aucun élément financier ne pointe de problème particulier. Il se peut même que la profitabilité augmente, ce qui est typiquement le cas de segments matures. Pourquoi s'inquiéter quand tout va si bien et que la Bourse applaudit vos performances financières ?

1. Voir l'histoire d'ODD dans Jean-Yves Prax, Bernard Buisson et Philippe Silberzahn. *Objectif Innovation. Stratégies pour construire l'entreprise innovante*, Paris, Dunod, 2005, p. 89. L'histoire détaillée du groupe ODD peut être également lue en anglais sur : http://www.strategos.com/articles/ODD_StrategyCreation.PDF.

En général, l'entité est créée en fanfare avec l'appui enthousiaste du PDG. À sa tête est généralement nommé un cadre relativement jeune et ambitieux, qui apporte un regard neuf sur l'organisation et est décidé à la faire bouger. Très innovant lui-même (où elle-même), il commence à travailler avec des anthropologues et des sociologues, développe des pilotes, multiplie les présentations à chaque réunion d'entreprise sur la nécessité d'innover. Mais il n'a aucune prise sur l'organisation.

Après une période d'intérêt poli et sincère – rappelez-vous, l'innovation est l'un des piliers de la stratégie – les gens sont happés par la pression du quotidien. Dans la balance : face au processus d'allocation de ressources, l'avenir, sans aucun chiffre pour le « prouver » contre le présent, avec force chiffres et revenus tangibles. L'entité, en effet, n'est pas un centre de revenus. Face à des unités d'affaires soumises à l'impératif de résultat, elle ne pèse politiquement rien. ODD pouvait avoir raison sur le papier, mais ne pouvait en pratique pas faire grand-chose pour induire une nouvelle direction.

Après avoir intéressé, notre innovateur commence à lasser, d'autant que ses critiques implicites, et parfois explicites, de l'inertie actuelle, passent mal auprès des « dinosaures » qui s'avèrent être ceux qui font rentrer l'argent pour le moment. La lassitude se transforme en hostilité quand le budget de la cellule commence à faire jaser, d'autant que bien sûr, les anthropologues et les projets pilotes n'ont pas rapporté le moindre centime et que la cellule est installée dans un loft en plein cœur de Paris tandis que l'activité actuelle est installée en banlieue. Vient un jour, à la faveur d'un changement de PDG ou d'une pression sur les résultats, où l'existence même de l'entité est remise en cause, et celle-ci, généralement, se dissout progressivement dans l'organisation. En somme, si une telle entité n'est pas capable de démontrer rapidement sa capacité à avoir un impact, elle n'a aucune chance de survivre. Et la seule façon de démontrer un impact dans une entreprise est de contribuer à la génération de chiffre d'affaires.

Que faire alors ? Avoir un groupe qui se consacre à un horizon un peu plus long que le prochain trimestre est d'une évidente utilité. Mais ce groupe ne peut survivre et réussir que s'il est intimement lié à l'activité de l'entreprise. L'impératif doit être de faire, et non seulement de penser : un groupe de penseurs cartésiens isolé finira par faire de la futurologie et de l'incantation, ce qui n'est d'aucune utilité. *Idem* pour une cellule de veille installée dans la Silicon Valley. Dans le même ordre d'idées, on évitera comme la peste les travers français que constituent les études, réflexions, analyses d'usage et autres expérimentations qui ne sont qu'excuses pour maintenir une inertie active.

Un groupe de coordination focalisé sur la production et la création en lien avec les différentes unités d'affaires a plus de chances. D'ailleurs, pour piloter l'innovation de rupture, une démarche intrapreneuriale sans lien avec les unités d'affaires devra sans doute être préférée, à l'image de ce que fait Johnson & Johnson par exemple. Les projets doivent avoir pour impératif de très vite rapporter de l'argent, même si les montants peuvent être faibles au début. À la tête de l'entité innovation, on préférera quelqu'un qui a déjà eu des responsabilités opérationnelles mais qui est capable de prendre de la distance tout en ayant une bonne maîtrise de l'environnement politique de l'entreprise. À la tête de chaque projet, on ne mettra pas un chef de projet, qui est l'incarnation de la logique de contrôle, mais un entrepreneur. Une perle rare, en quelque sorte...

Entité innovante séparée : loin des yeux, loin du cœur ?

La séparation de l'entité innovante recommandée par Christensen ne va toutefois pas sans poser problème. Il est indéniable qu'être libéré du poids de la maison mère et protégé de son modèle d'affaires dominant donne plus de chances à l'innovation de voler de ses propres ailes et de réussir. Mais la séparation en elle-même ne suffit pas. Il faut également veiller à créer une équipe adaptée, avec des profils plus entrepreneuriaux, et plus généralement construire des RPV spécifiques comme dans le cas de Nespresso ou d'Ala.

La séparation peut être mal vécue par le personnel de la maison mère : le signal implicite est que les innovateurs vont dans la nouvelle entité tandis que les autres restent dans la maison mère. Trop de distance entre les deux entités empêche en outre la maison mère de bénéficier de l'apprentissage généré par la nouvelle entité.

Une question demeure donc : quelle relation doit avoir la nouvelle entité avec le reste de l'entreprise ? Une première solution est l'indépendance complète. On crée une entreprise séparée, et on la laisse se débrouiller toute seule. Mais cette approche présente deux inconvénients : d'une part, le soutien de l'entreprise sera difficile à organiser, et d'autre part cette dernière se prive de l'apprentissage généré par l'entité séparée. En outre, si la distance est utile dans la phase initiale durant laquelle l'innovation « se cherche », elle devient problématique lorsque l'innovation est au point et qu'elle doit passer à l'échelle. C'est à ce moment que le soutien de l'entreprise est indispensable. Si les liens n'existent pas avant, cependant, ce soutien sera difficile à mettre en œuvre au-delà du simple financement.

Il faut donc maintenir un lien entre les deux entités et permettre à la nouvelle de s'appuyer sur l'ancienne. Mais ce n'est pas simple. En effet, va se poser un problème d'allocation de ressources : comment savoir quelles ressources allouer à la nouvelle entité, sachant qu'elle en exige beaucoup sans pour autant générer aucun résultat ? Cette décision d'allocation de ressources ne peut s'effectuer qu'au plus haut niveau et traduire une volonté stratégique de soutenir l'entité innovante alors que les résultats ne sont pas encore là. C'est le rôle de la direction générale car sans cela, aux niveaux inférieurs, les critères de bonne gestion seront appliqués, et cette absence de résultat justifiera une privation de ressources. En outre, l'éloignement et l'autonomie rendront difficiles la collaboration au quotidien, l'entité étant vue comme extérieure par le reste de l'organisation. Pour peu que celle-ci ait été très mise en avant par la direction, et présentée comme l'avenir de l'entreprise, elle peut susciter la jalousie de ceux qui n'en font pas partie et qui se sentent, *de facto*, comme faisant partie du passé. Les avantages dont bénéficie l'entité sont vécus comme des passe-droits.

Il y a donc un paradoxe : faire entrer l'entité innovante dans le moule de l'entreprise, c'est assurer une mort certaine car la nouveauté exige une approche différente, pour notamment assurer la vitesse de décision. Lui ménager des procédures adaptées, cependant, c'est bousculer les règles établies et donc risquer de susciter réticence et hostilité jusque dans les plus petits détails. Comme souvent il n'y a pas de bonne solution, et l'équilibre est difficile à trouver : il doit se construire au quotidien avec l'implication active de la direction générale, sans quoi la force gravitationnelle de l'organisation sera trop forte et l'entité ne décollera pas. Mais une chose est sûre : l'autonomie complète est trop risquée, et l'absence d'autonomie ne fonctionnera pas.

Définir un processus d'innovation

Il faut également éviter à tout prix de définir un processus officiel d'innovation. Il arrive souvent en effet que la première tentation soit de tout mettre à plat et de « rationaliser » (c'est souvent l'expression employée) la conduite d'un projet d'innovation au sein de l'organisation avec étapes, jurys, etc. Les processus peuvent être utiles dans le cas de l'innovation continue, où il existe de nombreuses méthodes, en particulier autour du développement produit. Mais l'innovation de rupture ne peut, elle, être capturée par un processus car elle suit rarement une progression linéaire. Akrich, Callon et Latour parlent plutôt de tourbillon[2]...

Il faut mettre en œuvre quelque chose de beaucoup plus léger et surtout d'organique. Par exemple, chaque projet sollicitant des ressources devrait également proposer ses propres critères d'évaluation et se mettre d'accord avec un comité des sages. Ainsi, le porteur de projet dira : donnez-moi telles ressources, et dans six mois quand on se revoit, je prévois d'avoir atteint tel ou tel objectif. On peut également instaurer un droit d'appel si le projet est refusé, par exemple convaincre une unité d'affaires de le soutenir, etc. D'une manière générale, la gouvernance du modèle d'innovation doit émerger d'une pratique collective réfléchissante. C'est la seule manière que ce modèle soit bien conforme à la culture de l'entreprise qui le met en œuvre.

2. Akrich, Callon et Latour, *op.cit.*

Créer une organisation consacrée aux « non-consommateurs »

Nous l'avons vu, l'un des impératifs les plus dangereux qui soient, et que l'on rencontre pourtant à tout bout de champ, est celui d'être « orienté client ». Par cet anglicisme, ce que l'on veut dire, c'est que les entreprises qui réussissent sont celles qui connaissent parfaitement leurs clients et répondent à leurs moindres souhaits. Nous avons montré, au travers de l'exemple du fabricant d'imprimantes, que ce n'était pas toujours vrai. En effet, lorsque celui-ci propose sa nouvelle imprimante jet d'encre, dont le prix d'achat est inférieur mais le coût à l'impression supérieur, ses clients n'en veulent pas, et trouver ceux qui pourraient être intéressés (les « non-consommateurs » actuels) est difficile, sans même parler de la difficulté qu'il y aurait à les atteindre.

Les travaux de Christensen montrent que les entreprises établies échouent en dépit d'une attention sans faille aux besoins de leurs clients. Elles n'échouent pas parce qu'elles n'ont pas été « orientées clients ». En fait, c'est précisément l'inverse : elles échouent parce qu'elles ont été trop orientées clients.

L'orientation client entraîne deux effets pervers : d'une part, l'entreprise ignore les non-consommateurs, qui vont être séduits par l'offre de rupture, et d'autre part, elle sur-sert ses clients les plus exigeants, s'exposant ainsi à une rupture par le bas.

L'impératif d'orientation client n'est pas faux en lui-même mais doit être pensé en fonction de trois types de clients :

- Les clients actuels : ils correspondent aux clients tels que décrits par les théories du marketing classique. Ce sont ceux que vous tentez d'enlever à vos concurrents. Ils sont satisfaits de l'offre actuelle, mais en réclament toujours plus pour toujours moins cher. C'est là le domaine de l'innovation continue, c'est-à-dire de l'amélioration régulière des produits dans le cadre du modèle d'affaires actuel : voitures consommant moins, lessive lavant plus blanc, téléphones avec plus de fonctions, etc. Ces clients ont tendance à tirer l'entreprise vers le haut.

- Les clients sur-servis : ils correspondent à ceux qui sont dépassés par l'offre actuelle. Les nouvelles fonctions sont sans intérêt pour eux : comme un disque dur de 500 Go pour une grand-mère qui souhaite utiliser Internet, une voiture bourrée de gadgets inutiles ou un rasoir à cinq lames. Ces clients sont de moins en moins enclins à payer pour ces fonctions inutiles à leurs yeux. Résultat, ils sont les premiers candidats pour une offre low-cost alternative. Dès l'apparition de celle-ci sur le marché, ils quittent sans remords leur fournisseur actuel, car ils ont l'impression – souvent justifiée – qu'ils ne l'intéressent plus. C'est la source du succès fulgurant de Free en 2012 avec son offre mobile low-cost. Leur départ, bien sûr, pourra augmenter sa marge moyenne – le départ des clients sur-servis est souvent accueilli avec soulagement –, mais fera perdre le volume et donc, à terme, augmentera les coûts de production unitaires si les coûts fixes sont importants. C'est ce qui est arrivé à General Motors qui en 2009 ne vendait pratiquement plus que des Hummer et des pick-up haut de gamme.
- Les non-consommateurs : ce sont ceux qui n'achètent rien aujourd'hui car les produits actuels ne répondent pas du tout à leurs besoins. Ils n'achètent à aucun des concurrents actuels, ce ne sont pas des prospects, car c'est la catégorie même du produit qui ne correspond pas à leurs besoins. Les acteurs en place ne les connaissent donc pas, et comme ils ne sont pas clients, ils ne se plaignent pas et n'assaillent pas les centres d'appels. Ils ne sont comptabilisés par aucun des indicateurs de performance. Ils tuent les acteurs en place en silence. Le problème, c'est qu'en cas de rupture technologique, comme dans l'exemple de l'imprimante jet d'encre, ce sont eux qui vont adopter le nouveau produit, mais les acteurs en place n'en sauront rien, car, rappelez-vous, ceux-ci ont déjà conclu qu'il n'y a pas de marché… Lorsque donc vous avez sous la main une innovation de rupture, c'est-à-dire une innovation qui nécessite un nouveau modèle économique, il faudra aller chercher les clients ailleurs que dans vos segments habituels, c'est-à-dire en dehors de votre réseau de valeur actuel. La difficulté est naturellement que vous partez littéralement de zéro

pour cela, comme si vous deviez atteindre une île lointaine sans boussole et sans bateau. Attention, comme nous l'avons déjà indiqué plus haut, les non-consommateurs ne sont pas des prospects. Les prospects sont des personnes qui sont potentiellement acheteurs, tandis que des non-consommateurs ne pourraient pas être satisfaits par l'offre actuelle. C'est différent.

L'important ici est de reconnaître que l'entreprise doit avoir en fait une stratégie marketing à trois volets, chacun étant adapté aux particularités de ces trois catégories de clients.

- Pour les clients actuels, la stratégie consiste à toujours améliorer les produits actuels, c'est le domaine de l'innovation continue. C'est ici que la notion d'orientation client est pertinente et on pourra déployer tous les outils du marketing et de la stratégie « classiques ».
- Pour les clients sur-servis, il doit d'abord s'agir de les repérer (ils s'en vont en silence généralement) pour éventuellement construire une offre spécifique autour de la simplification et d'un prix bas. C'est ce qu'a fait Renault avec Dacia, Bouygues Télécom avec B&You ou GE avec son électrocardiogramme portable MAC400. Cette offre devra probablement être gérée par une entité partiellement ou totalement autonome déployant des RPV conformes à l'opportunité.
- Pour les non-consommateurs, la stratégie est totalement différente : il doit s'agir de construire une offre entièrement nouvelle. Or, c'est très difficile car l'offre n'est pas en continuité avec l'offre existante : un appareil photo numérique n'est pas une amélioration d'un appareil à film argentique. Un téléphone mobile n'est pas un téléphone fixe amélioré. Un four à micro-ondes n'est pas un meilleur four qu'un four normal. C'est pour cela que l'offre aux non-consommateurs, qui correspond à l'innovation de rupture, est si difficile pour les entreprises.

D'un point de vue organisationnel, la mise en œuvre de cette stratégie à trois volets est évidemment difficile. Il faudra envisager une approche différenciée en créant une entité par modèle d'affaires, comme nous l'avons évoqué plus haut.

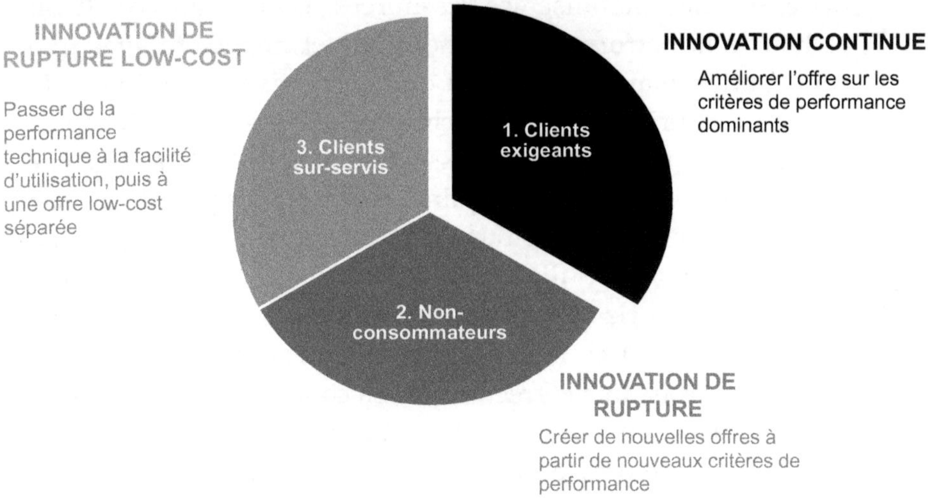

Figure 9.1 Trois types de clients, trois approches différentes

Gérer l'innovation de rupture au sein d'une entreprise existante : l'exemple d'IBM

IBM fournit un bon exemple d'une approche intégrée incluant les différents axes que nous avons évoqués ci-dessus. Cette entreprise fait partie des entreprises qui ont survécu à plusieurs ruptures profondes de leur environnement et en ont même tiré parti. Elle fait également partie de celles qui essaient de gérer une innovation de rupture au sein de l'organisation. Avec son approche dite « *emerging business organization* », l'entreprise classifie ses activités en trois catégories, appelées « horizons » en référence à l'horizon de temps qui les caractérise.[3]

- Le premier horizon est celui des activités actuelles, matures. C'est l'horizon le plus immédiat avec une intensité concurrentielle forte et qui représente la majeure partie du chiffre d'affaires de l'entre-

3. La source pour cette section est : David A. Garvin and Lynne Levesque, *Emerging Business Opportunities at IBM (A)*, Harvard Business School, Case 304-075, mars 2004. Ce texte peut être consulté à l'adresse : http://hbr.org/product/Emerging-Business-Opportu/an/304075-PDF-ENG. Reste à savoir si cette approche est toujours en vigueur chez IBM.

prise, et donc mobilise ses ressources. Dans l'horizon 1, on recherche la performance économique et financière avec une contribution majeure au profit de l'entreprise. Les critères de mesure sont principalement le chiffre d'affaires, le profit, la part de marché, le retour sur investissement. L'horizon 1 est géré par des experts fonctionnels disciplinés récompensés pour leur mise en œuvre sans faille de la stratégie. Le rôle de la direction générale se base sur la double dimension de contrôle et de récompense.

- Le deuxième horizon est celui des nouvelles activités en forte croissance. C'est l'horizon du moyen terme et l'enjeu ici est de gérer cette croissante correctement. La contribution au profit de l'entreprise est attendue sous peu et le management se focalise sur la mise en œuvre organisationnelle. Les critères de mesure sont principalement la croissance du chiffre d'affaires et l'acquisition de nouveaux clients. L'horizon 2 est géré par des managers autonomes capables de décider vite, récompensés par leur capacité à résoudre les problèmes que pose une croissance rapide. Le rôle de la direction générale est de soutenir l'effort de croissance.
- Le troisième horizon est celui des activités émergentes. C'est l'horizon entrepreneurial par excellence. Ici, l'horizon de temps est indéfini, on ne sait pas quand l'investissement dans l'activité portera ses fruits, et la date de contribution aux profits de l'entreprise est encore incertaine. L'enjeu est de déterminer le modèle d'affaires de l'activité et le défi majeur est celui de la création du marché correspondant. Les critères de mesure sont la réussite d'étapes spécifiques (mise au point d'un prototype, par exemple), la conversion de nouveaux clients ou de partenaires, et l'engagement de nouvelles parties prenantes dans le projet (au sens de l'effectuation). L'horizon 3 est géré par des entrepreneurs, ou intrapreneurs, à l'aise dans un environnement incertain et récompensés sur leur capacité à être créatif et à prendre des risques. Le rôle de la direction générale est de protéger le projet, d'en suivre la mise en œuvre, de l'encourager, mais aussi d'y mettre fin éventuellement.

Les trois horizons et les paramètres utilisés pour les définir et les gérer, sont résumés dans le tableau ci-dessous.

Tableau 9.1 L'approche d'IBM en horizons distincts (adapté de Garvin et Levesque)

	Horizon 1	Horizon 2	Horizon 3
	Activités établies	Activités en croissance	Activités émergentes
Horizon temporel	Immédiat	Moyen terme	Indéfini
Objectif	Performance	Passage à l'échelle	Créer le modèle d'affaires
Impact sur le résultat	Majeur	Imminent	Incertain
Défi majeur	Concurrence	Organisation	Création du marché
Profil managers	Experts fonctionnels disciplinés	Autonomes, décideurs rapides	Entrepreneurs
Récompense	Exécution sans failles	Résolution de problèmes	Créativité, prise de risques
Mesure de la performance	CA, bénéfice, part de marché, ROI, etc.	Croissance du CA, acquisition de clients	Milestones, conversions, engagement de parties prenantes
Rôle de la direction générale	Contrôle, récompense	Soutien	Protection, suivi, encouragement, terminaison

Ce qui est intéressant, c'est que ces trois activités sont regroupées au sein de la même organisation, mais avec la reconnaissance qu'elles doivent être gérées différemment et, surtout, avec des profils de managers différents. L'horizon 1, celui des activités établies, nécessite des cadres fonctionnels, une focalisation sur les parts de marché et le bénéfice, avec un horizon très court terme. L'horizon 2, celui des nouvelles activités en croissance, nécessite des profils opérationnels autonomes capables de résoudre des problèmes rapidement. L'horizon 3, celui des activités entièrement nouvelles, nécessite des entrepreneurs et une approche entièrement différente, centrée sur le travail avec les parties prenantes (approche d'effectuation) produisant des résultats non immédiatement quantifiables.

La reconnaissance que chacune de ces activités de nature différente doit être gérée spécifiquement est fondamentale pour la réussite de l'ensemble. On notera qu'il ne s'agit pas du tout d'isoler une direction de l'innovation en la laissant faire ce qu'elle veut : comme toute activité, l'activité émergente est gérée et suivie, mais elle l'est avec des critères spécifiques et adaptés, qui reflètent sa nature particulière.

Outre le contrôle et la mesure de performance, on notera également la prise en compte de la dimension de gestion des ressources humaines, également fondamentale : le choix des profils de managers, la manière dont on les évalue et dont on gère leur carrière (avant, pendant et après l'implication dans chaque horizon), là encore de manière à rendre compte des spécificités de l'horizon considéré, est une condition de réussite essentielle. En effet, nous avons insisté sur l'importance de la motivation dans la réussite de l'innovation de rupture, et en particulier sur *l'importance de l'alignement des motivations entre l'organisation et ses employés investis dans le projet innovant*.

Au final, l'approche d'IBM consiste à garder l'innovation au sein de l'entreprise mais à la gérer de manière différenciée. Elle requiert cependant une très forte discipline organisationnelle, et nécessite donc l'implication de la direction générale pour lutter contre l'attraction gravitationnelle de l'activité actuelle et éviter que les efforts ne soient inéluctablement redirigés vers l'horizon 1.

On le voit, l'innovation est bien loin d'être une affaire de créativité. Au contraire, c'est une affaire de design organisationnel, de compréhension des motivations et de leadership.

Toutefois le modèle a une limite. Nous l'avons montré à plusieurs reprises, il est difficile de faire cohabiter plusieurs modèles d'affaires au sein d'une même structure. Il est donc possible que ce modèle fonctionne bien pour les innovations continues radicales, mais mal pour les innovations de rupture qui continueront d'exiger d'être logées dans des entités séparées.

L'intérêt de l'inutile : l'exemple de l'armée française en 1914

En août 1914, l'armée française entre en guerre avec une doctrine rétrograde entièrement consacrée à rejouer la guerre de 1870. L'heure est à l'offensive à tout crin. Les nouvelles technologies (avion, téléphone, fusils automatiques, etc.) sont méprisées au profit d'une conception héroïque de l'action militaire, triomphe de l'esprit sur la matière : on refuse ainsi d'apprendre aux soldats à se protéger des tirs ennemis, car cela serait contraire à l'honneur du combattant. Le résultat est connu : une boucherie effroyable. Ce qui est moins connu, c'est que dès les premiers échecs, l'armée se renouvelle profondément ; les règlements ineptes sont abandonnés en quelques heures, à tel point qu'au bout de quelques mois, c'est une armée totalement transformée, devenue la plus moderne du monde tant sur le plan des équipements que de la doctrine, qui fait face l'ennemi. Comment cette transformation aussi rapide et aussi profonde a-t-elle été possible?

L'explication est que dans les années qui ont précédé la guerre, les militaires n'ont pas cessé d'expérimenter de nouvelles armes, de nouvelles technologies et de nouvelles formes organisationnelles : utilisation des vélos, qui permettaient des liaisons beaucoup plus rapides et discrètes qu'avec les chevaux, nouveaux fusils, nouvelles poudres, ballons dirigeables, TSF, avions de reconnaissance et de soutien à l'artillerie, protection des canons, modes d'attaque, etc. Ces expérimentations étaient en porte-à-faux avec la doctrine officielle, mais elles étaient tolérées par les niveaux hiérarchiques intermédiaires et étaient très répandues. Lorsque l'échec de la doctrine officielle est devenu patent, toutes ces innovations réalisées clandestinement ont été mobilisées et mises en œuvre en un temps parfois record.

En conclusion, ce qu'illustre l'exemple de l'armée française de 1914, c'est l'intérêt de permettre l'action «inutile» dans une organisation, et donc le danger de tout mesurer pour améliorer toujours la performance. L'optimisation extrême pour un milieu donné rend l'organisation plus fragile et l'empêche de s'adapter lorsque la rupture survient. Au final, il faut donc deux compétences organisationnelles fortes pour survivre aux ruptures : celle consistant à permettre à ces poches de créativité d'exister au sein de l'organisation (créant ainsi des options), et celle permettant la remise en question de la doctrine actuelle lorsque cela est nécessaire et la «conversion» de ces innovations clandestines en choix officiels. Les deux sont difficiles : la première va directement à l'encontre de la performance à court terme et de l'obsession pour la mesure objective et quantitative à tout crin; la seconde suppose une culture favorisant la remise en question d'hypothèses parfois anciennes et solidement ancrées[a].

(a) Cette section tire son origine d'une discussion sur l'innovation militaire avec Michel Goya, historien militaire et à l'époque chef du bureau recherche au Centre de doctrine de l'emploi des forces au ministère de la Défense, et notamment auteur de *La Chair et l'Acier. L'armée française et l'invention de la guerre moderne* (Tallandier, 2004) qu'on ne peut que recommander à quiconque s'intéresse à l'innovation. Du même auteur, on pourra lire aussi : *L'Invention de la guerre moderne. Du pantalon rouge au char d'assaut 1871-1918*, Paris, Tallandier, 2014.

Six axes pour créer une capacité d'innovation de rupture

Il n'existe pas de méthode générale pour engager une démarche visant à rendre son entreprise plus innovante. Pour partie, cela tient à la nature de l'innovation elle-même, qui n'est pas programmable et donc pas résumable à une méthode sûre et certaine. Le problème n'est vraiment pas simple.

Sans donc prétendre offrir une méthode infaillible, on peut proposer des pistes autour de quelques axes ci-dessous :

Au niveau de l'organisation

- Permettre la création d'unités innovantes autonomes : loger les projets d'innovation de rupture dans des unités autonomes, ou semi-autonomes. S'assurer d'une bonne interface de ces unités avec le reste de l'organisation : au sommet, avec la direction générale, et avec les différentes entités qui devront leur apporter un soutien (il faudra savoir gérer la tension inévitable et bien évaluer les motivations réciproques des acteurs impliqués).
- Créer une entité innovation : la création d'une entité innovation peut être utile à condition de s'assurer qu'elle soit en prise avec l'organisation et qu'elle ait un impératif de génération de chiffre d'affaires à très court terme. À tout le moins, son impact doit pouvoir être mesuré très rapidement. Elle doit être sous la responsabilité d'un membre de la direction générale ayant des responsabilités opérationnelles. Elle doit être plurielle et fédérer un ensemble de projets entrepreneuriaux.
- Créer des espaces d'innovation : appelés tiers lieux, ces espaces physiques permettent aux différentes parties prenantes (internes et externes) d'un projet d'innovation de se rencontrer et de construire un lien social. Afin de s'assurer que la création de valeur qui y prend place sert les intérêts de l'entreprise, le tiers lieu sera piloté en lien avec la direction générale.
- Encourager l'intrapreneuriat : cela implique une dimension de ressources humaines (inciter, former, récompenser, promouvoir) et une dimension organisationnelle permettant de définir un parcours du projet intrapreneurial, de l'idée initiale à la transformation en activité nouvelle. Cela nécessite également que ceux qui s'engagent dans une démarche entrepreneuriale ne soient pas pénalisés sur le plan de leur carrière.

Au niveau des processus

- Développer l'amorçage de projets innovants : permettre aux porteurs de projets innovants de disposer d'un petit budget pour initier les premiers travaux.

- Créer une boîte à idées : nous avons évoqué plus haut les limites des boîtes à idées, mais leur création peut néanmoins être utile dans le cadre d'une démarche d'innovation plus générale et à condition qu'elles soient vraiment suivies d'effet. Ne pas oublier cependant que dans un monde qui bouge vite, les meilleures idées, en particulier les idées de rupture, se trouvent souvent en dehors de votre organisation. Prisonnière de son modèle d'affaires actuel, celle-ci aura en effet tendance à produire des idées d'innovation continue (ce qui est bien évidemment utile).
- Conduire systématiquement des « post-mortem projets » : toujours tirer un bilan à la fin d'un projet d'innovation, qu'il ait réussi ou pas. Analyser les causes de réussite ou d'échec et inventorier les apprentissages qui en résultent. Ce processus doit être ouvert et collectif. L'honnêteté intellectuelle du processus doit naturellement être garantie par la direction générale.
- Encourager les expérimentations : encourager la mise en œuvre d'expérimentations d'activités nouvelles, si possible en liens avec des partenaires externes. S'assurer que ces expérimentations sont évaluées (post-mortem) et ne les mettre en œuvre que sur la base d'une règle de transformation en nouvelle activité si l'expérimentation est positive. La transformation en activité doit être un impératif de toute expérimentation pour éviter le syndrome du laboratoire qui invente plein de choses mais ne lance rien sur le marché.
- Encourager l'échange et communication : briser les silos qui sont un facteur de blocage pour l'innovation. Cela nécessite souvent une nouvelle gouvernance de la démarche d'innovation. Réfléchir aux coûts de transfert internes qui, très souvent, sont une taxe sur l'innovation (« désincitation » à travailler avec d'autres entités du groupe).
- Équilibrer discipline et créativité : trop de discipline et de contrôle tuent l'innovation, tandis qu'une absence de discipline et de contrôle transforme l'organisation en centre de recherche sans traduction en termes de nouvelle activité. Une bonne approche consistera à travailler sur des principes établis par la direction générale.

- Définir un parcours entrepreneurial : il devra permettre à un innovateur d'avancer dans ses étapes de développement (y compris sur le plan personnel). Où doit-il aller avec sa première idée ? Que faire une fois un premier prototype réalisé ? À qui s'adresser pour réaliser une expérimentation ?

Sur le plan de la culture

- Développer un vocabulaire et un cadre d'analyse communs de l'innovation de rupture : nature sociale de l'innovation, importance de l'intéressement des parties prenantes, distinction innovation continue/innovation de rupture, importance du modèle d'affaires, dilemme de l'innovateur, etc. Le rôle de la formation interne est ici très important.
- Promouvoir la prise de risques : encourager la prise de risques et pour cela, s'assurer qu'une initiative entrepreneuriale ou innovante est reflétée dans l'évaluation des employés, et donc dans leur évolution de carrière, même si elle n'a pas réussi : ne pas pénaliser l'échec. On peut aller jusqu'à suivre 3M, dont le PDG le célèbre régulièrement au contraire en mettant en avant des projets ayant échoué. Son objectif est de faire passer clairement le message selon lequel s'il n'y a pas d'échec, c'est qu'il n'y a pas eu de prise de risques, et s'il n'y a pas eu de prise de risques, c'est que l'entreprise n'essaie pas d'innover.
- Encourager la patience : être patient avec les projets d'innovation de rupture, car ceux-ci mettent du temps à décoller. Ne pas exiger de résultats financiers trop vite, ce qui ne signifie pas qu'on n'en mesurera pas la progression.
- Développer l'autonomie des collaborateurs : résister à la logique de contrôle systématique et s'assurer que les employés conservent une grande part d'autonomie dans leur travail.
- Promouvoir la confiance : faire confiance aux employés et pour cela, résister là encore à la logique de contrôle et minimisant le temps passé à rendre des comptes.
- Développer l'apprentissage : instaurer une culture de l'apprentissage où il est toujours explicitement tiré des leçons de ce que l'on fait. Rechercher l'apprentissage en reconnaissant sa nécessité dans les outils de mesure et d'évaluation.

- Développer une sensibilisation client : garantir une orientation client telle que nous l'avons définie : clients actuels, bien sûr, mais aussi non-consommateurs au-delà du réseau de valeur actuel.

Sur le plan humain

- Développer la diversité des profils et des personnalités : s'assurer d'un recrutement diversifié, surtout en termes culturels et de parcours. Une trop grande homogénéité est un facteur de perte systémique de capacité créative. Développer pour cela des indicateurs de diversité utilisés pour tous les niveaux de l'organisation. Attention, ce n'est pas simplement le corps social qui doit être divers, mais également les processus qui traduisent cette diversité dans la pratique.
- Recruter des entrepreneurs : lancer des activités nouvelles, en particulier de rupture, nécessite des compétences entrepreneuriales qu'une organisation qui n'en a pas l'habitude ne possède pas. Ces compétences s'acquièrent par le recrutement de profils entrepreneuriaux ou par le travail en collaboration avec des start-up. Moins l'organisation a de culture entrepreneuriale, plus elle est avancée dans la perte de sa capacité créative, plus cette intégration sera difficile en raison du choc culturel. Elle devra être suivie de près au plus haut niveau. Le risque est très grand que quelques profils soient attirés, mais repartent rapidement, horrifiés. On pourra également utilement envoyer des cadres séjourner dans des PME ou des start-up pour s'imprégner de leur culture.
- Développer la créativité : le problème de l'innovation de rupture n'est pas un problème de créativité individuelle. Néanmoins, celle-ci peut être utilement développée et surtout partagée collectivement par diverses méthodes. Il est toutefois essentiel qu'une suite soit donnée à ces travaux, notamment qu'ils se traduisent par de réelles mises en œuvre des « meilleures » idées. Naturellement, le qualificatif de « meilleur » devra être attribué en évitant de trop dépendre des RPV actuels.
- Adapter les modes de promotion : on veillera à ce que les modes de promotion tiennent compte de la contribution en termes d'innovation. Notamment, on s'imposera de promouvoir quelqu'un

qui a pris des risques, même si le projet n'a pas réussi. Pour les managers, il s'agira de vérifier qu'ils ont concrètement encouragé et permis l'innovation parmi les membres de leur équipe.

- Développer les incitations à innover : ne pas essayer de transformer tout le monde en innovateur, et ce pour deux raisons : d'une part, une très grande partie de l'énergie d'une organisation doit rester consacrée à l'activité actuelle qui lui fournit ses ressources. Transformer chacun en innovateur serait introduire une grande distraction et les effets se feraient sentir rapidement. D'autre part, si chacun peut être innovateur un jour, tout le monde n'en a pas envie tout le temps, c'est affaire de circonstances. Un impératif « tous innovateurs ! » peut, compte tenu des systèmes de gestion que nous avons évoqués, être une injonction paradoxale et générer un stress important au sein de l'organisation. Le système mis en place doit donc inciter chacun à innover, mais surtout permettre à ceux qui ont des idées de les mettre en pratique.

Au niveau des systèmes de gestion

- Adapter les outils de mesure de performance : s'assurer que le système de mesure de la performance ne soit pas uniquement centré sur l'activité actuelle mais qu'il mesure également la contribution à des activités futures, par nature incertaines. L'avenir doit avoir un représentant légitime dans le processus d'allocation des ressources.
- Développer une fonction achats sensible à la rupture : veiller à ce que l'optimisation de la fonction achats ne se fasse pas aux dépens des fournisseurs et partenaires innovants avec lesquels les liens sont forcément différents que de l'achat simple de prestations et produits banalisés. Créer une entité achats spécifiquement consacrée aux achats innovants avec des critères de performance adaptés.
- Repenser les incitations : s'assurer que les incitations fonctionnent pour encourager l'innovation ; en fait, s'assurer surtout qu'elles ne la découragent pas.
- Créer des budgets réservés pour l'innovation de rupture : protéger l'innovation de rupture en lui garantissant des budgets réservés au plus haut niveau de l'organisation.

- Offrir du temps libre : permettre aux employés d'explorer des projets en marge de l'activité actuelle, mais s'assurer surtout qu'il existe un parcours de l'innovateur pour les projets qui en résultent.
- Adapter la gouvernance : la direction doit s'engager à défendre les innovateurs dans leur action et dans leur carrière, mais les innovateurs doivent également s'engager et être responsabilisés : cela se fera notamment en leur demandant de proposer des critères pour évaluer les progrès de leur projet. Ces critères, qui varieront de projet en projet, seront discutés et feront l'objet d'un accord préalable.

Au niveau des parties prenantes

- Développer les partenariats : établir une politique de partenariats réellement reliée à l'activité actuelle ou aux projets de rupture et s'assurer, de manière très importante, que les partenaires sont bien traités. Donner à ces partenariats un impératif de création de valeur. Permettre aux partenaires de s'insérer profondément dans l'organisation pour lutter contre son isolement et lui permettre de sortir la tête de son modèle d'affaires actuel.
- Encourager l'exploration : inciter à l'exploration de nouvelles activités à tous les niveaux de l'organisation sous forme de projet semi-autonome et si possible en partenariat.
- Fonctionner en cocréation : comme souligné plus haut, dans un monde qui bouge vite, la plupart des idées de rupture résident aujourd'hui en dehors de votre organisation. Il faut donc inciter l'organisation à créer de nouveaux produits et services avec des partenaires externes et s'assurer que ces partenaires ont bien intérêt à leur réussite. S'assurer également qu'ils sont bien traités. Plus un partenaire sera petit, plus ce sera important,... et difficile.

Beaucoup de ces points se recoupent et c'est normal, car l'innovation et plus encore l'innovation de rupture est transversale par nature.

Conclusion : les dispositifs managériaux

Naturellement, beaucoup de ces points se retrouvent d'un axe à l'autre ; on notera en particulier l'importance de la dimension humaine, qu'elle soit vue sous l'angle RH (qui recrutons-nous, comment incitons-nous à prendre des risques ?), ou l'angle culturel (célébrer échecs comme réussites, relativiser la notion d'échec). L'innovation est par nature une question transverse qui résiste mal à une pensée en silos fonctionnels. C'est l'une des raisons des limites de l'approche consistant à créer une direction de l'innovation au sein d'une entreprise ; on risque en effet d'ajouter simplement un silo qui aura du mal à s'intégrer aux autres silos, sans compter qu'une direction qui n'est pas source de revenus n'a que peu de possibilité d'action réelle sur le long terme, une fois l'enthousiasme initial retombé.

Les axes évoqués ci-dessous ne pourront être exploités sans une compréhension profonde de comment sont prises les décisions dans l'organisation et en particulier, comment est prise la décision la plus importante : l'allocation de ressources. Cela est valable à tous les niveaux, car comme nous l'avons vu, une partie cruciale de l'activité d'un employé consiste à allouer des ressources, que ce soit des budgets pour la direction générale ou des dépenses et surtout, du temps pour le reste : les milliers de microdécisions prises chaque jour par les milliers d'employés d'une organisation se cumulent en une stratégie de fait.

Il est donc essentiel de comprendre les valeurs de l'entreprise qui vont déterminer ces prises de décision au quotidien, et de les modifier pour qu'il y ait une incitation à innover. Nous avons vu que par « valeur », il fallait entendre les critères qui guident les décisions à tous les niveaux de l'organisation et décident des priorités.

Attention, il ne s'agit pas de dire que l'innovation ne peut réussir que si on met en place des incitations spécifiques, comme une prime à l'innovation ou un concours d'innovation. La nature humaine est heureusement plus sophistiquée que cela. Il est raisonnable de supposer que les gens innoveront spontanément et il s'agit donc de comprendre les mécanismes incitatifs qui aujourd'hui empêchent les gens d'innover, et les modifier en conséquence.

Il faut être dans cette recherche extrêmement lucide et pragmatique, et on fera bien d'examiner des cas concrets. Par exemple, nous avons évoqué plus haut le cas de Sophie qui revient d'un rendez-vous chez un client avec une idée de nouveau produit. Va-t-elle pouvoir poursuivre cette idée jusqu'au succès? Quand je prends cet exemple, on me répond souvent : « Mais chez nous, certainement, car l'innovation est une valeur très mise en avant. » Mais ce n'est pas cela dont il s'agit. L'innovation est mise en avant dans des centaines d'entreprises, et pourtant celles-ci n'innovent pas du tout. La raison en est qu'elles n'ont pas mis en place de dispositif managérial pour cela.

Nous avons vu que dans le cas de Sophie, il y a un conflit entre le présent (atteindre ses objectifs commerciaux) et le futur (innover pour créer de nouveaux produits), qui est le propre de la problématique de l'innovation. Tout effort pour le second (nouveau ou futur) se fait nécessairement au détriment du premier (actuel), ne serait-ce que parce que le temps de Sophie est limité, et avant même qu'il y ait eu un investissement financier. C'est la manière dont elle permet de résoudre ce conflit qui va déterminer si, en pratique, l'entreprise est innovante ou pas.

Il y a dès lors deux possibilités : soit l'entreprise souhaite véritablement innover, et alors elle met en place un dispositif managérial pour permettre à Sophie de poursuivre son idée malgré la non-atteinte probable de ses objectifs. Soit elle ne le fait pas et à la fin de l'année, Sophie sera pénalisée et la démonstration sera faite que l'entreprise ne veut pas réellement innover au sens où l'atteinte des objectifs commerciaux immédiats reste la priorité : l'innovation se fera ensuite, c'est-à-dire jamais.

Le rôle du dispositif managérial est donc de permettre de résoudre ce conflit en favorisant l'innovation, et cela à tous les niveaux de l'organisation, tous les jours.

L'innovation n'est donc pas, n'est jamais en fait, le résultat d'une seule intention de la direction. Elle est le résultat des dispositifs managériaux mis en place par cette dernière pour traduire son intention dans les faits. Toute intention d'innovation qui ne se traduirait pas par la mise en place de ces dispositifs n'aboutirait à rien.

Quels peuvent être ces dispositifs ? La réponse est spécifique à chaque entreprise, et heureusement. 3M laisse du temps libre à ses employés sans leur demander de rendre des comptes. Cela fonctionne sur la base du volontariat. C'est bien, mais cela offre peu d'indication à l'innovateur sur ce qu'il doit faire une fois qu'il a eu son idée. Elle impose également que 25 % des produits d'une division aient moins de cinq ans. Même observation. C'est pour cela que nous avons employé l'expression « parcours de l'innovateur » au sein de l'organisation. Rien ne peut être fait sans un processus. L'essentiel, c'est que l'impératif d'innovation soit traduit dans l'évaluation des performances des employés et que les choix soient assumés. Il ne faudrait pas que la culture de l'entreprise tolère, en pratique, la mauvaise performance d'un cadre qui aurait atteint ses objectifs mais pas innové du tout. Les dispositifs doivent également refléter le fait que tout le monde n'innove pas tout le temps. Ce n'est ni dans la nature des gens, ni dans l'intérêt de l'entreprise. Les dispositifs doivent inciter tout le monde à le faire, reconnaître que tout le monde ne le fera pas et encourager ceux qui le font.

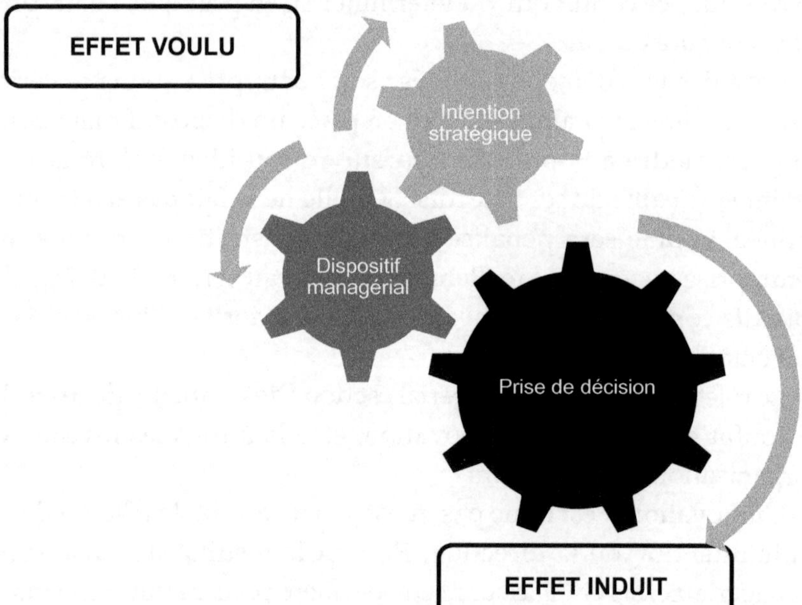

Figure 9.2 Le dispositif managérial permet de traduire l'intention stratégique (innover) en prise de décision dont les effets induits réalisent l'intention

Qui peut définir les dispositifs managériaux ? Trois acteurs importants de l'entreprise vont devoir être mobilisés : la direction générale, d'abord, qui doit déterminer la stratégie d'ensemble et exprimer son intention en matière d'innovation, et notamment son acceptation des choix nécessaires ; la direction financière ensuite, qui détermine les critères de performance et qui doit élaborer les dispositifs managériaux permettant les choix et arbitrant entre présent et avenir sans sacrifier ce dernier ; la direction des ressources humaines enfin, qui doit participer à l'élaboration de ces dispositifs et les traduire en termes de recrutement, d'évaluation, de promotion et de développement personnel.

La vraie stratégie qui rend possible l'innovation, et en particulier l'innovation de rupture, c'est donc la conception d'un ensemble de règles et l'établissement de valeurs qui vont influencer favorablement le comportement des membres de l'organisation à tous les niveaux afin que dans le processus d'allocation de ressources, le présent comme le futur aient tous deux voix au chapitre.

Résumé du chapitre

Tout ce qui ne tient pas compte du mécanisme d'allocation de ressources et plus généralement des facteurs qui motivent la prise de décision à tous les niveaux de l'entreprise est voué à l'échec. La capacité à rendre l'organisation plus innovante réside donc dans la mise en place de dispositifs managériaux à tous les niveaux permettant de gérer convenablement le conflit qui existe nécessairement dans l'allocation de ressources entre l'activité présente et les activités futures.

Conclusion

Nous avons commencé cet ouvrage en observant que nous vivons une époque de ruptures. Ces ruptures sont de plusieurs natures : technologiques, sociales, économiques, démographiques, géostratégiques, climatiques, environnementales, etc. Elles sont en train de bouleverser complètement notre environnement, et le monde dans cinquante ans n'aura pas grand-chose à voir avec celui d'aujourd'hui.

Ces ruptures suscitent l'inquiétude ; on parle de barbares qui attaquent, on s'inquiète de faillites et de pertes d'emplois. Nombreux sont ceux qui, inspirés par Thomas Malthus, estiment que nous sommes arrivés au bout des ressources de la planète et que ces ruptures ne feront qu'accélérer l'effondrement de notre système économique.

Pour l'entreprise existante, ces ruptures constituent sans aucun doute un défi tout à fait particulier, non seulement parce qu'elles menacent directement l'activité existante, mais aussi et surtout parce qu'il est intrinsèquement difficile d'y répondre pour en tirer parti. L'entreprise a en effet construit son succès par la mise en œuvre d'un modèle d'affaires qui repose sur des ressources, processus et valeurs idéalement adaptés à son marché actuel, et donc par définition inadaptés à l'opportunité de rupture. Elle ne trouve donc pas cette dernière attractive du tout et la rejette. Dans ce contexte, tous les préceptes d'une bonne gestion, qui fonctionnent bien en situation continue, conduisent à l'échec en situation de rupture. L'entreprise échoue donc non pas parce qu'elle est mal gérée, mais, d'une certaine façon, parce qu'elle est trop bien gérée et trop bien adaptée à l'environnement… qui est en train de mourir.

Toutefois, l'ouvrage a montré qu'il n'y a rien d'inéluctable au dilemme de l'innovateur. L'intérêt des travaux de Christensen est en effet double : d'une part, ils mettent en lumière les mécanismes du dilemme et montrent qu'il est à l'œuvre dans toutes les industries, quelles que soient leurs différences. Face à une rupture, une entreprise peut donc se tourner vers ces travaux et tirer leçon de ce qui est arrivé à d'autres. D'autre part, les travaux de Christensen offrent des pistes pour échapper à ce dilemme, la principale d'entre elles étant de loger un projet de rupture dans une entité séparée dotée de ses propres ressources, processus et valeurs. Nous avons ainsi donné plusieurs exemples d'entreprises qui ont réussi à se renouveler par le lancement d'innovations de rupture, comme Renault, Bouygues Télécom, Nestlé, Unilever, IBM ou GE. En ce sens, les travaux de Christensen ont une portée éminemment pratique.

L'enjeu est important, parce que si les ruptures présentent une menace pour une entreprise existante, elles représentent également une opportunité : les ruptures d'aujourd'hui sont les marchés de demain pour qui sait les exploiter. Elles sont la clé du futur des entreprises existantes pour peu que celles-ci ne restent pas prisonnières de leur présent.

Appendice

La théorie de la rupture – Exceptions, limites et critiques

Les travaux de Christensen ont suscité un très grand intérêt depuis leurs débuts à la fin des années 1990, car ils semblent bien expliquer beaucoup de phénomènes incompréhensibles, notamment le fait que les acteurs en place échouent même, et en fait surtout, s'ils sont bien gérés. La théorie a également une valeur prédictive : c'est ainsi qu'Intel, à la lecture de ces travaux, a pris conscience de la nécessité de réinvestir l'entrée de gamme, ce qui a donné sa ligne de processeurs Celeron, lui évitant ainsi d'être victime d'une rupture par le bas. Mais comme toute théorie, elle a ses limites, elle connaît des exceptions, et les travaux de Christensen ont évidemment été critiqués.

Exceptions à la théorie

Il existe des exceptions à la théorie de Christensen qu'il est intéressant d'étudier. Regardons deux exemples. Le premier est celui de l'iPhone lancé en 2007 face à Nokia, cas que nous avons évoqué plus haut. En apparence, l'iPhone attaque Nokia frontalement : smartphone contre smartphone, mêmes critères de performance, un jeu auquel Apple avait tout à perdre. Toutefois, une analyse plus en détail montre qu'en fait Apple était en décalage par rapport au critère dominant de performance du marché. Sur le plan des caractéristiques techniques, l'iPhone était inférieur (il n'avait pas de 3G par exemple), alors que les Nokia étaient au sommet de la technologie. En revanche, Apple dominait sur un critère qui n'avait pas eu grande importance jusque-là : la facilité d'utilisation et l'interface utilisateur (celle de Nokia était catastrophique). On était donc bien en situation de rupture avec une entrée sur des critères différents de performance.

Mais on peut arguer du fait que cela ne marquait quand même pas une grande différence. Ce qui a vraiment fait la différence, c'est la réaction, ou plutôt l'absence de réaction, de Nokia, face à l'iPhone. Nokia a tout de suite dédaigné l'iPhone et ne l'a pas pris au sérieux. Le temps que Nokia prenne conscience du danger, il était trop tard. En réagissant plus vite, l'entreprise finlandaise n'aurait sans doute pas pu empêcher Apple d'entrer sur le marché, mais elle aurait pu mieux protéger ses positions. En situation de rupture, il est donc utile de faire quelque chose qui semble n'avoir aucun sens pour vos concurrents. Introduire un téléphone haut de gamme qui n'est pas compatible avec la 3G ne semblait effectivement avoir aucun sens pour Nokia et nombre d'analystes.

Mais le succès de l'iPhone illustre également l'évolution des critères de performance de la technique à la facilité d'utilisation que nous avons évoquée plus haut. Alors que Nokia empilait les fonctions sur ses smartphones, les rendant toujours plus compliqués à utiliser, Apple a compris que les utilisateurs étaient sur-servis (beaucoup n'utilisaient jamais la plupart des fonctions) et a tiré parti de l'évolution logique des attentes en offrant un produit très simple.

Le second exemple concerne le navigateur Internet Firefox. J'ai écrit en 2005, peu après son lancement, un article dont le titre était « Pourquoi Firefox n'a aucune chance face à Microsoft » et qui m'a valu quelques critiques peu amènes. Firefox n'a effectivement pas réussi son pari mais pas complètement pour les raisons que j'expliquais. M'appuyant sur la théorie de la rupture, j'expliquais que Firefox était une innovation continue utilisée pour attaquer l'acteur dominant, Internet Explorer de Microsoft, et que donc le challenger n'avait guère de chances de succès car il suffisait que Microsoft réagisse pour rattraper son retard. Il suffisait, mais ce que je ne pouvais imaginer, c'était que Microsoft… ne réagirait pas. Quand on connaît la bataille homérique qui a opposé Microsoft et Nestscape, son premier challenger, au milieu des années 1990, l'absence de réaction était stupéfiante. Elle est due à une distraction, un manque d'intérêt, à plein de choses, mais elle est stupéfiante. Donc, sans réaction de Microsoft, dont le navigateur était vraiment devenu mauvais, et tirant parti de l'hostilité que le géant de Redmond suscitait à l'époque (aujourd'hui c'est plutôt de l'indifférence), Firefox a initialement prospéré et s'est imposé comme un acteur de poids. Mais Microsoft a finalement réagi, puis Google et Safari sont arrivés et Firefox a perdu de l'importance, ne représentant plus aujourd'hui que 10 à 12 % des utilisateurs.

Ce que montrent ces deux exemples, c'est que la théorie de la rupture n'est pas mécanique : elle donne les conditions dans lesquelles certains mécanismes vont opérer, mais il est important de bien inclure d'autres conditions et facteurs, et notamment les raisons qui pourraient pousser un acteur établi à ne pas réagir à une attaque en continuité sur son terrain.

Les critiques de la théorie

La critique de Campbell et Park

La critique d'Andrew Campbell et Robert Park[1], deux professeurs à Ashridge Business School, porte sur l'importance de l'innovation continue et le risque que représente l'innovation de rupture. Campbell et Park sont d'accord avec Christensen pour dire que l'innovation de rupture est source de croissance durable, mais ils contestent la portée de l'énoncé par deux arguments : d'une part, les innovations de rupture qui changent les industries n'arrivent pas si souvent que ça. Peut-on dès lors structurer une entreprise pour un raz de marée qui n'arrivera probablement jamais ? Mieux vaut, selon eux, bien exécuter l'innovation continue et explorer les pistes de croissance autour de son cœur de métier, ce qui est moins risqué. D'autre part, se lancer dans une innovation de rupture est très dangereux pour l'entreprise, qui sort de son terrain connu. La plupart des entre-

1. Andrew Campbell et Robert Park, *The Growth Gamble: When Leaders Should Bet Big On New Business And How They Can Avoid Expensive Failures*, London, Boston, Nicholas Brealey Publishing, 2005.

prises qui lancent des initiatives fortes de croissance sous la forme de grands projets échouent en général. L'attractivité d'une opportunité n'existe donc pas en elle-même, mais toujours en relation avec l'entreprise qui décide de l'exploiter, autre point d'accord avec Christensen.

La critique est intéressante et les auteurs ont raison de remarquer qu'une rupture n'arrive pas tous les jours. Mais comme nous l'avons souligné dans l'introduction de cet ouvrage, il n'existe de nos jours aucune industrie qui peut se croire à l'abri d'une rupture. L'ignorer, c'est mettre son entreprise en péril.

Plus spécifiquement, il y a deux objections à leur critique. Premièrement, innover près de son cœur de métier n'est pas moins risqué. La théorie de Christensen permet de montrer que la vraie différence se situe entre continu et rupture. Ce qui est risqué, c'est l'innovation (de rupture), c'est là que les entreprises échouent.

Deuxièmement, l'innovation de rupture n'est pas « océan bleu » : océan bleu est un concept inventé en 2005 à la suite des travaux de W. Chan Kim et Renée Mauborgne, enseignants à l'INSEAD, qui invitent les entreprises à quitter l'océan rouge de leurs marchés actuels, marqués par une concurrence acharnée, pour aller créer de nouveaux océans bleus, c'est-à-dire des marchés entièrement nouveaux où la concurrence n'existe pas.

On voit donc la similarité tentante avec la conception d'innovation de rupture. Mais celle-ci n'est qu'apparente. La théorie de la rupture énonce qu'il y a deux façons d'innover sur un marché : par une rupture de nouveau marché (une nouvelle offre) et par une rupture par le bas. La rupture par le bas, qui consiste à développer une offre simplifiée, plus focalisée sur quelques critères de performance et moins chère, a le potentiel de rupture le plus important. Or, elle n'est pas du tout abordée par la théorie océan bleu qui ne raisonne qu'en termes de nouveaux produits ou services. Ensuite, océan bleu est essentiellement une méthode pour aborder la création de ces nouveaux produits et services, ce que n'est pas du tout la théorie de Christensen. Océan bleu part également de l'hypothèse que pour réussir l'innovation, il faut être le premier sur un nouveau marché, ce qui n'est pas du tout vérifié en pratique. Christensen montre en fait que ce qui compte, ce n'est pas d'être le premier, mais d'avoir un modèle d'affaires en adéquation avec l'opportunité considérée[2]. Enfin, océan bleu ne pose pas du tout la question du lien entre le produit ou service créé et l'identité organisationnelle de l'entreprise qui le crée. Or, ce que montre la théorie de Christensen, c'est que ce lien est fondamental dans la réussite de ce dernier : indépendamment des qualités propres du produit ou service, une entreprise réussira à lancer un produit si celui-ci est en continuité avec ses ressources, processus et valeurs. Poser l'innovation de rupture seulement en termes de produits et services, en ignorant l'organisation qui les promeut, c'est se condamner à échouer. Là est le vrai apport de la théorie de la rupture de Christensen.

Troisièmement, les auteurs ont une conception passive de l'opportunité : une opportunité, selon eux, c'est quelque chose qui existe « comme ça », et que l'entreprise peut évaluer. Mais la littérature sur l'entrepreneuriat a montré que c'est beaucoup plus compliqué que cela : une opportunité se construit au moins autant qu'elle se découvre.[3] Pour cela, il faut bien entreprendre des démarches d'innovation, risquées et parfois qui se terminent mal, celles-là mêmes que Campbell et Park déconseillent.

Au final, leur prudence quant au « tout innovation », et en particulier sur les extrêmes de type « chaos créatif » du chercheur Gary Hamel (qui par ailleurs écrit la préface de l'ouvrage) est bienvenue, mais leur critique de l'importance de l'innovation est néfaste. Il existe un juste milieu entre l'extrémisme « big bang » de la théorie océan bleu et la passivité d'éternel suiveur, et la théorie de la rupture offre précisément ce juste milieu.

La critique de Jill Lepore

La seconde critique importante est celle de Jill Lepore, une historienne, elle aussi professeur à Harvard, auteur d'un article paru dans *The New Yorker*[4] qui reçut un écho très important. Selon elle, la rup-

2. Sur cet aspect, voir la section « Essayer d'être le premier », au chapitre 8.
3. Voir à ce sujet mon ouvrage *Effectuation. Les principes de l'entrepreneuriat pour tous, Pearson*, 2014.
4. http://www.newyorker.com/magazine/2014/06/23/the-disruption-machine

ture est une théorie « fondée sur une profonde anxiété à propos d'un échec financier, une peur apocalyptique de dévastation globale, et des preuves fragiles ». Rien de moins.

Prenant son chapeau d'historienne, Lepore observe que la notion de progrès (évolution positive des choses) est très récente dans l'histoire, mais qu'elle a été très critiquée dès le début du 20e siècle. La réapparition de l'innovation comme un concept positif date des travaux de Schumpeter, mais la critique demeure. Remplacer « progrès » par « innovation » permet selon elle d'éviter ce débat de fond. Il est indéniable que l'innovation porte en elle une dimension idéologique qu'il est intéressant de connaître et d'explorer. Mais on voit mal en quoi cela se rapporte aux travaux de Christensen. En effet, sa théorie se contente de décrire un phénomène en essayant de le formaliser pour offrir une valeur prédictive et devenir ainsi un outil du décideur. Cela est valable quel que soit ce que l'on pense du phénomène lui-même. Est-ce qu'on accuse un observateur de complicité avec le phénomène observé ? Un criminologue de complicité du crime qu'il étudie ? Christensen n'a jamais dit que l'apparition d'Internet ou du low-cost était une bonne chose en elle-même. Cela peut faire l'objet d'une discussion, mais ce n'est pas son propos. Son propos est de comprendre pourquoi les acteurs en place, comme les journaux ou les éditeurs de musique, ont du mal à réagir à cette apparition, et ce depuis presque trente ans. Partant, la rupture n'est ni optimiste, ni pessimiste comme théorie. Et l'innovation se distingue bien de la notion de progrès : l'innovation financière est souvent un progrès, parfois une calamité comme l'a montré la crise de 2008. Mais là encore, ce n'est pas le propos de Christensen.

Lepore s'amuse également du fait que beaucoup de disrupteurs ont plus tard échoué. Mais là encore, le procès est injuste : réussir une rupture et en tirer parti n'est nullement une garantie de succès éternel. On peut réussir à tirer parti d'une rupture et échouer plus tard pour des raisons propres : mauvais management, manque de ressources, mauvais choix stratégiques, etc. Dit autrement, la rupture n'est pas l'alpha et l'oméga du management, et fort heureusement. D'ailleurs il faut noter que dès qu'un acteur nouvel entrant a réussi sa stratégie de rupture, il devient acteur en place, par définition.

C'est particulièrement vrai avec la rupture par le bas dans laquelle chacun est un disrupteur et un disrupté potentiel.

La théorie de la rupture consiste seulement (mais c'est déjà beaucoup) à énoncer les conditions dans lesquelles un nouvel entrant aura tendance à réussir face à un acteur en place, en adoptant un modèle d'affaires différent, sans préjuger de ce qui se passera après, car d'autres facteurs entrent naturellement en jeu. Plus spécifiquement, la rupture énonce les conditions nécessaires au succès (par exemple, l'isolation de l'innovation dans une entité autonome) mais n'oublie pas de noter que ces conditions ne sont pas suffisantes. Ainsi Nestlé a très tôt isolé Nespresso dans une entité séparée mais a mis quand même une bonne dizaine d'années avant de réussir.

Comme d'autres universitaires avant elle, Lepore met également en cause la méthodologie utilisée par Christensen : elle estime en effet que la théorie est basée sur quelques cas biens choisis pour défendre le propos. C'est un reproche classique fait aux études inductives qui ont du mal à être acceptées pour ce qu'elles sont : une manière de faire émerger une théorie qui doit ensuite être soumise à des tests empiriques. Si les travaux originaux de Christensen reposaient en effet sur l'étude approfondie de quelques industries différentes, les disques durs et les engins de travaux notamment, ils ont ensuite été reproduits sur des dizaines d'autres depuis par une myriade de chercheurs. C'est le principe même d'une recherche empirique, quelque chose que Christensen a très bien décrit dans un article remarquable du *Journal of Product Innovation Management* (JPIM) en 2006[5].

L'existence de cet article, écrit en réponse aux critiques d'autres chercheurs, montre par ailleurs que Lepore a tort de prétendre que la théorie de la rupture est une fausse évidence qui n'a jamais fait l'objet d'une tentative sérieuse de critique. Au contraire, depuis les premiers travaux de Christensen en 1997, les critiques ont été très nombreuses. Ses travaux ont été publiés dans des revues dotées de comités de lecture qui n'ont pas vraiment la réputation d'être complaisants.

---

5. L'article est accessible à l'adresse : http://fields.ace.ed.ac.uk/disruptivetechnologies/wp-content/uploads/2010/08/The-Ongoing-Process-of-Building-a-Theory-of-Disruption1.pdf.

Dans l'article du JPIM, Christensen prend bien soin, comme il l'a toujours fait, de préciser que la rupture est une théorie, c'est-à-dire une construction qu'il faut confronter aux études empiriques et améliorer en fonction des résultats de cette confrontation. Une théorie, c'est un processus qui se déroule dans le temps. Cette théorie a donc évolué. Nous avons évoqué au début de cet ouvrage une évolution importante qu'avait connue cette théorie : initialement, Christensen avait défini la rupture en termes de technologies. Mais il avait plus tard observé qu'une rupture peut se produire sans nouvelle technologie (par exemple, le low-cost dans le transport aérien) et inversement qu'une nouvelle technologie radicalement innovante n'est pas forcément une rupture pour un acteur en place (par exemple, la téléphonie mobile pour un opérateur de téléphonie fixe). Il a donc reformulé la théorie à partir d'un conflit de modèle d'affaires.

À cet égard il est d'ailleurs intéressant de noter que la plupart des critiques de Lepore sur la théorie de Christensen sont basées sur la lecture de son premier ouvrage, paru en 1998, comme si rien ne s'était passé depuis, passant totalement sous silence l'évolution de la théorie (même si elle en cite les ouvrages) : elle persiste à parler de « technologie de rupture » alors que, comme nous l'avons vu, Christensen s'est rapidement éloigné de ce terme. Si elle s'appuyait sur ses travaux récents, sa critique s'en trouverait bien affaiblie.

Lepore s'attaque ensuite au vif du sujet, à savoir la capacité de la théorie à prédire un résultat. Elle s'amuse d'une prédiction malheureuse de Christensen en 2007 sur l'échec probable... de l'iPhone. C'est un cas intéressant : j'ai moi-même toujours trouvé cette prédiction étonnante (je travaillais dans la téléphonie mobile donc j'ai vécu l'arrivée de l'iPhone de l'intérieur en quelque sorte). L'argument de Christensen était que l'iPhone attaquait Nokia par le haut et qu'il ne pouvait donc réussir (la théorie de la rupture énonce qu'il faut attaquer par le bas et remonter en fonctionnalités). Or, nous l'avons vu plus haut, ce n'est pas exact : l'iPhone attaquait bien par le bas sur les critères dominants de l'époque : il était techniquement inférieur aux smartphones Nokia de l'époque (il n'avait pas de 3G par exemple, ce qui était considéré comme ridicule par les experts). Mais, et cela est conforme à la théorie de la rupture, il était sur-performant sur un critère qui jusque-là n'avait pas vraiment eu d'importance :

la facilité d'utilisation. Or, pour un public qui était sur-servi en fonctions techniques, la facilité d'utilisation était devenue primordiale. Ce que l'exemple de l'iPhone suggère n'est donc pas la fausseté de la théorie de la rupture, mais plutôt la difficulté à bien saisir les subtilités du domaine auquel on l'applique.

De manière plus sérieuse, l'objet d'une théorie n'est pas de prédire le futur, et en particulier pas dans le domaine du management. Il est bien plus prosaïquement de mettre en lumière des mécanismes qui déterminent ce futur, sans oublier que d'autres mécanismes sont à l'œuvre. Le lancement de l'iPhone est donc bien conforme à la théorie, mais d'autres facteurs ont joué, comme la non-réponse de Nokia qui a très longtemps considéré l'iPhone comme un gadget.

Dernier point, Lepore remet également en question la recommandation phare de Christensen de loger l'innovation de rupture dans une entité autonome (pour la protéger du modèle d'affaires dominant). Selon elle, il s'agit de donner un espace aux innovateurs, de leur demander de développer une innovation radicale sans jamais avoir besoin d'être bénéficiaires, ce qui est dangereux. On retrouve là l'impératif d'océan bleu que nous avons évoqué. Or là encore c'est faux, au contraire : dans plusieurs de ses ouvrages, Christensen insiste sur la nécessité de démarrer petit, et d'être patient avec le chiffre d'affaires (ne pas croître trop vite), mais impatient avec le bénéfice (être rentables très vite). On est bien loin de l'idée de laisser les clés à un groupe d'artistes pour qu'ils s'amusent.

Au final, et malgré l'audience qu'elle a reçue, la critique de Lepore ne convainc pas vraiment : elle traduit une incompréhension de l'innovation et de l'entrepreneuriat, elle prête à Christensen une ambition qu'il n'a pas, celle de tout expliquer, réussites comme échecs, et elle reproche à sa théorie ce qu'aucune théorie ne peut réussir : tout prévoir.

Il est indéniable que la théorie a besoin de se développer. Nous avons évoqué plus haut la question de savoir pourquoi la rupture par le bas ne fonctionne pas dans certains cas. Pour cela, et comme l'écrivait Christensen dans l'article du JPIM, il faut sans arrêt la confronter à de nouveaux cas, en particulier ceux où elle ne fonctionne pas, et se demander comment la modifier pour que le cas puisse être expliqué.

Références

Travaux de Clayton Christensen

Clayton Christensen, *The Innovator's Dilemma: The Revolutionary Book That Will Change the Way You Do Business*, HarperBusiness, 2001 (1re édition en 1997).

Clayton Christensen et Michael E. Raynor, *The Innovator's Solution: Creating and Sustaining Successful Growth*, Harvard Business School Publishing Corporation, 2003.

Clayton Christensen et Jerome H. Grossman, *The Innovator's Prescription: A Disruptive Solution for Health Care*, CMcGraw-Hill Professional, 2009.

Clayton Christensen et Henry J. Eyring, *The Innovative University: Changing the DNA of Higher Education from the Inside Out*, John Wiley & Sons, 2011.

Clayton Christensen, « The ongoing process of building a theory of disruption », *Journal of Product Innovation Management*, 23, p. 39-55. Lien URL: http://fields.ace.ed.ac.uk/disruptivetechnologies/wp-content/uploads/2010/08/The-Ongoing-Process-of-Building-a-Theory-of-Disruption1.pdf

Clayton M. Christensen, Stephen P. Kaufman et Willy C. Shih, « Innovation Killers: How Financial Tools Destroy Your Capacity to Do New Things », Special Issue on HBS Centennial, Harvard Business Review, 86, 1, janvier 2008.

L'ouvrage suivant a été écrit par de proches collaborateurs de Christensen et essaie de proposer une méthode pour permettre l'innovation de rupture : Scott D. Anthony, Mark W. Johnson, Joseph V. Sinfield et Elizabeth J. Altman, *The Innovator's Guide to Growth: Putting Disruptive Innovation to Work*, Harvard Business Review Press, 2008.

Références citées

Akrich Madeleine, Michel Callon et Bruno Latour, « À quoi tiennent le succès des innovations ? Premier épisode : l'art de l'intéressement », *Annales Des Mines*, juin 1988.

Anthony Scott D. et Mark W. Johnson, *The Innovator's Guide to Growth: Putting Disruptive Innovation to Work*, Harvard Business Review Press, 2008.

Barabba Vincent, *The Decision Loom: A Design for Interactive Decision-Making in Organizations*, Devon, UK, Triarchy Press, 2011.

Baumol William J., *The Free-Market Innovation Machine: Analyzing the Growth Miracle of Capitalism*, Princeton University Press, 2003.

Boudon Raymond, *Effets pervers et ordre social*, Paris, Presses Universitaires de France, 2009.

——— *La Sociologie comme science*, La Découverte, 2010.

Brynjolfsson Erik et Andrew McAfee, *Le Deuxième Âge de la machine. Travail et prospérité à l'heure de la révolution technologique*, Éditions Odile Jacob, 2015.

Burgelman Robert A., *Strategy Is Destiny. How Strategy Making Shapes a Company's Future*, New York, NY, The Free Press, 2002.

Campbell Andrew et Robert Park, *The Growth Gamble: When Leaders Should Bet Big On New Business And How They Can Avoid Expensive Failures*, London, Boston, Nicholas Brealey Publishing, 2005.

Chandon Pierre et Pedro Pacheco Guimaraes, « Unilever in Brazil (1997-2007) », INSEAD, n° 04/2008–5188, 2009.

Dobbs Richard, James Manyika et Jonathan Woetzel, *No Ordinary Disruption: The Four Global Forces Breaking All the Trends*, New York, NY, PublicAffairs, 2015.

Downes Larry et Paul Nunes, *Big Bang Disruption: Strategy in the Age of Devastating Innovation*, Portfolio, 2014.

Foster Richard N., *Innovation: The Attacker's Advantage*, London, Summit Books, 1986.

Fréry Frédéric, Xavier Lecoq et Vanessa Warnier, « Competing with Ordinary Resources », *MIT Sloan Management Review*, printemps 2015, p. 69-77.

Garud Raghu, Joel Gehman et Arun Kumaraswamy, « Complexity Arrangements for Sustained Innovation: Lessons from 3M Corporation », *Organization Studies*, 32, 6, 1er juin 2011, p. 737-767.

Goya Michel, *L'Invention de la guerre moderne. Du pantalon rouge au char d'assaut 1871-1918*, Paris, Tallandier, 2014.

Havel Vaclav, *Essais politiques*, Paris, Calmann-Lévy, 1994.

Jones Milo et Philippe Silberzahn, *Constructing Cassandra: Reframing Intelligence Failure at the Central Intelligence Agency, 1947-2001*, Stanford University Press, 2013.

Jullien Bernard, Yannick Lung et Christophe Midler, *L'épopée LOGAN. Nouvelles trajectoires pour l'innovation*, Paris, Dunod, 2012.

Kegan Robert et Lisa Laskow Lahey, *Immunity to Change: How to Overcome It and Unlock the Potential in Yourself and Your Organization*, Boston, Mass, Harvard Business Review Press, 2009.

Kim W. Chan et Renée Mauborgne. *Stratégie Océan Bleu. Comment créer de nouveaux espaces stratégiques*, Paris, Pearson, 2015, 2e éd.

McCrum Dan, « The Bittersweet Taste of Hindsight », *Financial Times*, 13 août 2015. URL : http://ftalphaville.ft.com/2015/08/13/2137230/the-bittersweet-taste-of-hindsight/.

Miller Joyce et Kamran Kashani, « Innovation and Renovation: The Nespresso Story », IMD Case study, n° IMD046, 2003.

Mintzberg Henry, *Grandeur et décadence de la planification stratégique*, Paris, Dunod, 2004.

———, « How Productivity Killed the American Entreprise », *Harvard Business Review*, août 2007.

Prax Jean-Yves, Bernard Buisson et Philippe Silberzahn, *Objectif Innovation. Stratégies pour construire l'entreprise innovante*, Paris, Dunod, 2005.

Schein Edgar H., *Organizational Culture and Leadership*, San Francisco, Calif, John Wiley & Sons, 2010, 4e éd.

Schumpeter Joseph A., *Histoire de l'analyse économique*, Paris, Gallimard, 2004.

Silberzahn Philippe, *Effectuation. Les principes de l'entrepreneuriat pour tous*, Pearson, 2014.

Swasy Alecia, *Changing Focus: Kodak and the Battle to Save a Great American Company*, Ramdom House, 1997.

Taleb, Nassim Nicholas, *Le Cygne noir. La puissance de l'imprévisible*, Belles Lettres, 2008.

Teboul Bruno, Thierry Picard et Xavier Wargnier.,*Uberisation = économie déchirée ?*, Bluffy, Éditions Kawa, 2015.

Tellis Gerard J. et Peter N. Golder, *Will and Vision - How Latecomers Grow to Dominate Markets*, New York, NY, McGraw-Hill, 2001.